ZEITREISE KURPFALZ

JÖRG KOCH

ZEITREISE KURPFALZ

Menschen, Orte und Ereignisse,
die Geschichte schrieben

SILBERBURG

INHALT

Das Heidelberger Schloss, Postkarte um 1910.

Das Schwetzinger Schloss, Vorderansicht.

Der Stadtgraben von Wiesloch, um 1900.

VORWORT

Willkommen in der Kurpfalz und damit in einer uralten Kulturlandschaft. Bereits in vorchristlicher Zeit siedelten hier, auf den Höhen des Pfälzerwaldes und des Odenwaldes, die Kelten, bevor sich die Römer an Rhein und Neckar (Speyer und Ladenburg) niederließen. Sie herrschten nicht nur als militärische Macht, sondern brachten auch den Weinanbau in die Region, der bis heute prägend ist. Im Mittelalter regierten hier die Salier und Staufer, und ihre Nachfolger, die Wittelsbacher (ab 1214), gehörten als Pfalzgrafen bei Rhein und (ab 1356) als Kurfürsten jahrhundertelang zu den bedeutendsten Herrschern im Heiligen Römischen Reich. Die historische Kurpfalz, deren staatliche Existenz 1803 endete, war kein zusammenhängendes Staatsgebiet, sondern ein »Flickenteppich« mit zahlreichen Exklaven, Enklaven und Kondominien. Residenzstadt war zunächst Heidelberg, ab 1720 Mannheim. 1778, als Kurfürst Karl Theodor (1724–1799) aufgrund eines Erbvertrages seine Residenz vom Rhein nach München verlegte, umfasste die Kurpfalz 8200 Quadratkilometer (die Fläche Baden-Württembergs beträgt rund 36 000 Quadratkilometer).

Die geografische Lage der Kurpfalz weckte von alters her Begehrlichkeiten beim großen Nachbarn im Westen, Frankreich, der gegen Ende des 17. Jahrhunderts im Pfälzischen Erbfolgekrieg weite Teile des Landes verwüstete. Die Ruine des Heidelbergers Schlosses zeugt noch heute davon, dass die wechselvolle Geschichte der Kurpfalz auch Kriegsgeschichte darstellt. Doch längst herrscht hier mitten in Europa Friede, sind lebendige Städtepartnerschaften, insbesondere mit Frankreich, Ausdruck von Verständigung und Miteinander über Grenzen hinweg. Als Kurpfalz wird heute die wirtschaftlich starke Metropolregion Rhein-Neckar mit den Zentren Mannheim, Heidelberg und Ludwigshafen verstanden; sie ist Lebensraum von rund 2,4 Millionen Menschen.

In der vielgestaltigen Landschaft sind zahlreiche Entdeckungen möglich und zwar westlich und östlich des mächtigen Rheins, der seit Jahrhunderten ein wichtiger europäischer Verkehrsweg ist. Einen Besuch wert sind die romantischen Burgen an der badischen Bergstraße, im Neckartal und im Pfälzerwald, die Schlösser Heidelberg, Mannheim und Schwetzingen, die UNESCO-Weltkulturerbestätte Speyer, idyllische Weinorte in der Vorderpfalz oder prachtvoll sanierte Fachwerkstädte wie Mosbach im Neckar-Odenwald-Kreis.

In den folgenden 48 Kapiteln wird ein repräsentativer Ausschnitt der reichhaltigen Geschichte der Kurpfalz dargestellt. Den aufmerksamen Lesern wünsche ich ein unterhaltsames Vergnügen – Jörg Koch.

Das Palm'sche Haus (1610) in Mosbach.

Dauerhaft

Die Kurpfalz im Namen

Nicht nur in der Metropolregion Rhein-Neckar, sondern im gesamten Gebiet zwischen Pfälzerwald und Odenwald begegnet uns die Kurpfalz in vielen Namen, die Bezeichnung ist hier allgegenwärtig. Rund 60 Straßen, Plätze, Wege sind nach ihr benannt. Für jedes Alter scheint sie passend: vom Kurpfalzkindergarten in Ingelheim über die Kurpfalz-Realschule in Kaiserslautern bis zum Haus Kurpfalz, einem Alten- und Pflegeheim in Wiesloch.

Nach dem Alphabet gibt es zunächst zahlreiche Kurpfalz-Apotheken, unter anderem in Dannstadt, Heidelberg, Ludwigshafen, Mannheim, Sinsheim. Dann finden wir die Kurpfalz-Bären; so nennt sich seit 2015 die erfolgreiche Frauenhandballmannschaft der TSG Ketsch. Die im April 2000 gegründete Kurpfalz-Bibliothek in Lorsch ist eine wissenschaftliche Präsenzbibliothek zur Erforschung der regionalen und lokalen Geschichte der Kurpfalz in Trägerschaft des Vereins Kurpfalz e. V. Die 187 Meter lange Kurpfalz-Brücke in Mannheim, die seit 1947 über den Neckar führt und die 1891 eröffnete Friedrichsbrücke ersetzte, verbindet die Mannheimer Innenstadt mit den Stadtteilen Neckarstadt-West und Neckarstadt-Ost. Weiter geht es mit dem Kurpfalz-Center, einem großen Einkaufszentrum in der Mannheimer Spreewaldallee. Zwanzig evangelische Kirchengemeinden bilden das evangelische Dekanat südliche Kurpfalz. Dieser Kirchenbezirk mit Sitz in Wiesloch ist Teil der Evangelischen Landeskirche Baden.

In Speyer befindet sich mit der Kurpfalz-Jugendherberge in zentraler Lage am Rheinufer und in unmittelbarer Nähe zu Dom, Technikmuseum, Historischem Museum und dem Freizeitbad ein modernes Gästehaus, das allen offensteht und besonders von Schulklassen geschätzt wird. Ebenfalls in der Domstadt liegt die 1962 errichtete Kurpfalz-Kaserne, die militärisch zuletzt von 2003 bis 2015 vom Spezialpionierbataillon 464 genutzt wurde, seitdem als Außenstelle der Aufnahmeeinrichtung für Asylbegehrende Trier dient und nun zu Wohnraum umgewandelt werden soll. Das Kurpfälzische Museum in Heidelberg ist seit 1906 im Palais Morass, einem 1712 errichteten Barockbau in der Altstadt, untergebracht. Die

▲ Seit 1906 präsentiert das Kurpfälzische Museum in der Heidelberger Altstadt die Landesgeschichte. ▼ Die Kurpfalzbrücke in Mannheim verbindet die Innenstadt mit den Stadtteilen jenseits des Neckars.

KURPFÄLZISCHES MUSEUM
Eingang
Entrance

10 Jahre
Fairtrade Town
Mannheim

Kurpfalzsaal

KURPFALZ-PARK

archäologische Abteilung entführt in tiefste Vergangenheit: Sie zeigt eine Kopie des Unterkiefers des Homo heidelbergensis (»Heidelberger Mensch«). Gefunden 1907 bei Bauarbeiten in Mauer im Rhein-Neckar-Kreis und rund 600 000 Jahre alt, ist der Kiefer das älteste Fossil der Gattung Homo, das in Deutschland geborgen wurde. Die Abteilung Stadtgeschichte des Museums ermöglicht Einblicke in die »Heidelberger Romantik« oder die Badische Revolution von 1848/49.

Die Kurpfalz ist Namensgeber für Schulen rechtsrheinisch (unter anderem in Dossenheim, Heidelberg, Schriesheim) und linksrheinisch (Kaiserslautern, Wachenheim). Bekannteste Bildungseinrichtung dieses Namens ist die seit 1872 bestehende private Kurpfalz-Schule (Realschule und Gymnasium) in Mannheims Stadtmitte. Ebenfalls in Mannheim beheimatet ist die Kurpfalz-Personenschifffahrt, die erlebnisreiche Fahrten auf Rhein und Neckar sowie durch den Hafen anbietet. Wer die Landschaft per Rad erkunden will, dem sei die 27 Kilometer lange Kurpfalzroute von Heidelberg nach Speyer empfohlen. Der Kurpfalz-Park Wachenheim an der Weinstraße, ein 1970 eröffneter und 70 Hektar großer Freizeit- und Wildpark, umfasst Attraktionen für Groß und Klein wie eine Greifvogel-Flugschau und eine 600 Meter lange Sommerrodelbahn. Kulturell wird die Region auch durch das seit 1952 bestehende Kurpfälzische Kammerorchester Mannheim bereichert. In den musikalischen Pausen kann man Kurpfalz-Sekt der bereits 1921 gegründeten Kurpfalz-Sektkellerei (heute in Trier) oder ein Kurpfalzbräu aus Plankstadt genießen. Heidelberg ist Hauptsitz der Kurpfalz-Volksbank, einer seit 1858 bestehenden Genossenschaftsbank, deren Filialnetz sich von Hemsbach im Norden bis Leimen im Süden der Kurpfalz erstreckt.

Abgesehen von Hotels, einem Autohaus oder gar einer Reinigung, die ebenfalls mit dem Begriff Kurpfalz in ihrem Namen werben, finden Veranstaltungen im Kurpfalzsaal Edenkoben statt, und Mutige können sich im Kurpfalz-Raum des 1854 errichteten Astoriahauses in Walldorf, der als Trauzimmer der Stadt dient, trauen lassen. Auch weitab der eigentlichen Kurpfalz ist sie im Namen präsent: Die Kurpfalz-Weinstuben in Berlin-Charlottenburg sind seit 1935 ein traditionsbewusstes Weinlokal, das Gerichte deutscher Küche anbietet und dazu vor allem Pfälzer Wein. Ein Hoch auf die vielseitige Kurpfalz!

▲ Im Kurpfalzsaal in Edenkoben an der Weinstraße finden kulturelle Veranstaltungen statt.
▼ Der Kurpfalz-Park bei Wachenheim gehört zu den beliebtesten Freizeitparks in Rheinland-Pfalz.

Geografisch

Zwischen Pfälzerwald und Odenwald

Die Kurpfalz liegt zwischen dem Pfälzerwald im Westen und dem Odenwald im Osten. Der von Weitem sichtbare Donnersberg im Nordpfälzer Bergland, das sich an den Pfälzerwald anschließt, ist mit seinen 687 Metern die höchste Erhebung der gesamten Pfalz.

Der Name des Berges verweist auf den ersten Blick auf den germanischen Wettergott Donar, die lateinische Form Mons Jovis bedeutet Berg des Jupiter, doch gesichert ist diese Überlieferung nicht; die Herkunft des Namens könnte sich auch von »dunum«, der keltischen Bezeichnung für Berg, ableiten. Auf der Bergebene überraschen Reste einer zweigeteilten, einst 8,5 Kilometer langen und vier Meter hohen Ringwallanlage aus keltischer Zeit. Die einstige Höhensiedlung (Oppidum), in der späten Latènezeit etwa 150 vor Christus errichtet und um 50 nach Christus aufgegeben, war der Zentralort für das ganze Umland in der Rheinebene und mit einer Fläche von 240 Hektar eine der größten Siedlungen nördlich der Alpen. Zu den bemerkenswerten Funden gehören eine Glasproduktion, Münzen des keltischen Stamms der Leuker sowie bronzene Metallteile, die Aufschluss über eine hoch entwickelte Kultur vor 2000 Jahren geben.

Mit dem 627 Meter hohen Katzenbuckel bei Waldkatzenbach erhebt sich der höchste Berg des Odenwalds. Zahlreiche Erhebungen auf dieser Seite des Rheins sind zwischen 500 und 600 Meter hoch, dazu gehört auch der Königstuhl (570 Meter) bei Heidelberg. Landschaftliche Hauptsehenswürdigkeiten sind hier neben dem Heidelberger Schloss die 1890 in Betrieb genommene Bergbahn, die Himmelsleiter, ein 1844 angelegter Weg über rund 1200 Stufen vom Schloss zum Gipfel, die Molkenkur, eine ehemalige Kuranlage (1851), und das 1881 errichtete Lustschlösschen Posseltslust an der Kohlhofwiese. Jenseits des Neckars fanden sich auch am 439 Meter hohen Heiligenberg Zeugnisse einer vorgeschichtlichen Besiedlung. Funde stammen aus der späten Bronzezeit (um 1200 v. Chr.), aus keltischer Zeit (etwa 450 v. Chr.) haben sich Überreste einer Ringwallanlage erhalten. Die stadtähnliche Anlage erstreckte sich über rund 52 Hektar und war einst das politische, religiöse und kulturelle Zentrum der Region. Ab der Mitte des 1. Jahrhunderts nach Christus nutzten die Römer den Heiligenberg für ihre Zwecke, wie Weihesteine, eine Jupitersäule und Fundamente belegen.

Im Pfälzerwald und im Odenwald laden viele gut ausgeschilderte Wanderwege mit Schutzhütten zu einem Streifzug durch die Landschaft ein. Dazwischen erstreckt sich die 50 bis 60 Kilometer breite oberrheinische Tiefebene. Die Kurpfalz liegt eingebettet in uraltes Kulturgebiet, das durch die Flusslandschaften und das milde Klima an Rhein und Neckar begünstigt war.

Der Odenwald säumt das Neckartal bei Dilsberg.

Verkehrsgünstig

An Rhein und Neckar

Städte und Orte an Flüssen haben ein besonderes Flair. Das Wasser zieht stets magisch an, und das trifft auch auf Mannheim, Speyer und Heidelberg in der Kurpfalz zu. Ohne Rhein und Neckar als Verkehrsadern hätte sich Mannheim, mit rund 320 000 Einwohnern größte Stadt der Rhein-Neckar-Metropolregion und zweitgrößte Stadt Baden-Württembergs, nicht zur Industriemetropole entwickeln können.

Im viertgrößten Binnenhafen Deutschlands mit seinen vier Teilhäfen (Handelshafen, Rheinauhafen, Altrheinhafen, Industriehafen) werden chemische und Mineralölerzeugnisse, Erze, Steine, Erde, Zement, Glas, Metalle, Maschinen und vieles andere umgeschlagen. Die Globalisierung des Warenverkehrs bestimmte den Ausbau des Hafens: Ende der 1970er-Jahre wurden im Containerterminal mehr Container umgeschlagen als in allen anderen Binnenhäfen Deutschlands zusammen. Nach erneuten Erweiterungen zu Beginn des 21. Jahrhunderts erstrecken sich die Hafenanlagen an Land über eine Fläche von etwa 8 650 000 Quadratmeter. Das gesamte Hafengebiet wirkt wie eine Stadt für sich, es bietet rund 20 000 Arbeitsplätze. Mit seiner Größe und Umschlagsmenge ist der Mannheimer Hafen nicht nur der wichtigste Hafen Südwestdeutschlands, er gehört auch zu den bedeutendsten Häfen Europas.

In Mannheim mündet der Neckar in den Rhein, den längsten Fluss Deutschlands (mit etwa 866 Kilometern auf deutschem Gebiet), und zwar bei Rheinkilometer 428 westlich der Friesenheimer Insel als viertlängster Nebenfluss mit 362 Kilometern. Die Schiffbarmachung des Neckars erfolgte in einem langen Prozess ab Mitte des 16. Jahrhunderts. Mit dem 1821 eröffneten Wilhelmskanal bei Heilbronn war der Fluss bis dort durchgängig schiffbar, heute ist er es auf rund 200 Kilometern bis Plochingen. Der Ausbau zur Großschifffahrtsstraße zwischen 1921 und 1968 mit insgesamt 27 Schleusen ermöglicht den Betrieb von Containerschiffen und großen Ausflugsschiffen.

Am idyllischsten zeigt sich der Neckar an seinem Unterlauf zwischen Bad Wimpfen und Heidelberg. Das schluchtartige Tal mit seinen Weinbergen und bewaldeten Hängen ist eine geschichtsträchtige Burgenlandschaft (Burg Guttenberg, Burg Hornberg, Ruine Dauchstein, Minneburg, Ruine Stolzeneck, Burg Hirschhorn, Schloss Zwingenberg, Burg Dilsberg, Ruine Reichenstein), die zum Besichtigen und Wandern einlädt. Zu den Höhepunkten dieser alten romantischen Kulturlandschaft gehören die Vierburgenstadt Neckarsteinach und selbstverständlich Heidelberg. Zwischen Hirschhorn und Neckarsteinach bildet der Neckar die Landesgrenze zu Hessen.

▲ Blick auf die Rheinfront von Mannheim um 1925, im Mittelpunkt die Jesuiten-Kirche.
▼ Die Neckar-Schleuse Guttenbach bei Zwingenberg, Neckar-Odenwald-Kreis.

Römisches Militärlager Ladenburg

Ladenburg am Neckar gehört zu den schönsten Städten der Kurpfalz. Die Altstadt präsentiert wie im Bilderbuch eine historische Bausubstanz aus mehreren Jahrhunderten – von mittelalterlichen Stadtmauertürmen über vorbildlich restaurierte Fachwerkhäuser und Prachtbauten der Renaissance und des Barocks bis zu den Wohn- und Funktionsgebäuden der Gründerzeit und des Jugendstils.

So abwechslungsreich wie das Stadtbild ist auch die Geschichte der heute rund 12 000 Einwohner großen Stadt, die schon zu keltischer Zeit besiedelt war und dank ihrer günstigen Lage an Handelswegen unter den Römern als Lopodonum zu einem ihrer bedeutendsten Orte am Oberrhein ausgebaut wurde. Als Keimzelle der heutigen Stadt gilt das 74 nach Christus gegründete Militärlager. Daher bezeichnet sich Ladenburg auch gern als älteste Stadt rechts des Rheins. Zu dem Militärstandort gehörte auch eine Reitereinheit. Ihre Blütezeit hatte die zivile Siedlung im späten 2. und frühen 3. Jahrhundert, als mit Theater, Thermen und Tempel wichtige Einrichtungen römischen Lebens vorhanden waren, auch befand sich hier die größte römische Basilika nördlich der Alpen. Keine andere Stadt im heutigen Baden-Württemberg war in römischer Zeit größer und spielte im Land vor dem Obergermanischen Limes eine militärisch und politisch so bedeutende Rolle.

Anschauliche Einblicke in diese spannende und gut dokumentierte Epoche der Stadt bietet das Lobdengau-Museum, das nach der mittelalterlichen Gaugrafschaft benannt ist, die sich von Heidelberg bis Weinheim und vom Rhein bis zur Bergstraße erstreckte. Das imposante Renaissance-Palais des Museums war einst Sitz der Wormser Bischöfe, zu deren Besitz der Ort seit der ersten Hälfte des 7. Jahrhunderts gehörte, ab 1011 war der gesamte Lobdengau Teil des Bistums. 1385 begann ein Kondominium, die Herrschaft über die Stadt war zwischen dem Bistum Worms und der Pfalz geteilt, bis Ladenburg 1705 kurpfälzisches Oberamt wurde. Bei der politischen Neuordnung zu Beginn des 19. Jahrhunderts wurde die Stadt Teil des Großherzogtums Baden.

Zu den heutigen Sehenswürdigkeiten gehören nicht nur die altehrwürdigen Kulturdenkmale wie das massive Neunhellerhaus (um 1300), sondern auch das Automuseum Dr. Carl Benz. Untergebracht ist die umfangreiche Oldtimersammlung in der historischen Fabrikhalle an der Ilvesheimer Straße, in der der Automobilkonstrukteur Carl Benz (1844–1929) ab 1906 Fahrzeuge herstellte. Mit seiner Frau Bertha (1849–1944) lebte der geniale Erfinder und Ehrenbürger der Stadt in einer herrschaftlichen Villa in Ladenburg; beider Grab befindet sich auf dem Gemeindefriedhof.

Das Lobdengau-Museum dokumentiert die Geschichte der Stadt Ladenburg.

Um 1000

Das Stift Sinsheim

Sinsheim zwischen Heidelberg und Heilbronn, von Johann Wolfgang von Goethe (1749–1832) auf seiner Schweiz-Reise 1797 besucht und als »heiteres Landstädtchen« beschrieben, gehört zu den ältesten Orten der Metropolregion Rhein-Neckar. Die rund 36000 Einwohner große Stadt wurde 770 erstmals erwähnt, sie war von 1329 bis 1803 durchgehend Teil der Kurpfalz.

Bekannt ist Sinsheim durch sein Technik-Museum und durch die TSG 1899 Hoffenheim. Der Fußballverein aus dem Stadtteil Hoffenheim ist seit der Saison 2008/09 in der Bundesliga. Weniger bekannt ist die Geschichte des Sinsheimer Stifts auf dem Michaelsberg. Um das Jahr 1000 gründete hier Gaugraf Otto von Worms (um 948 bis 1004) ein Kollegialstift, eine Gemeinschaft weltlicher Chorherren, die keinem Orden angehörten. Rund hundert Jahre später wandelte der Speyrer Bischof Johannes I. (1063/64–1104) das Stift in ein Benediktinerkloster um. Aufgrund finanzieller Schwierigkeiten löste sich Ende des 15. Jahrhunderts die Ordensgemeinschaft auf, und die Gebäude wurden von einem adligen Kollegialstift bezogen. Nun lebten hier junge Ritter ohne klösterliche Regeln und teilweise in eheähnlichen Verbindungen mit Frauen, zum Missfallen des Speyrer Bischofs. Die Auflösung des Ritterstifts erfolgte 1565 durch Kurfürst Friedrich III. (1515–1576), da er hier die Reformation gewaltsam einführte. Neues geistliches Leben und damit Neubauten brachte die Rekatholisierung 60 Jahre später, doch die Wirren des Dreißigjährigen Krieges (1618–1648) und des Pfälzischen Erbfolgekrieges (1688–1697) verursachten Schäden an allen Gebäuden, zudem ließen Unwetter die Anlage weiter verfallen.

Mit der Professionalisierung der sozialen Fürsorge im Kaiserreich ab 1871 eröffnete hier 1889 der »Verein zur Rettung sittlich verwahrloster Kinder in Baden«, eine Gründung der Landeskirche, eine Erziehungsanstalt für Jugendliche. 1921 vom badischen Staat übernommen und seit 2005 in Trägerschaft des Rhein-Neckar-Kreises, betreut das heutige »Stift Sunnisheim« rund 180 Jugendliche mit sozialpädagogischen Intensivwohngruppen, Tagesgruppen, sonderpädagogischen Schulen und Ausbildungsmöglichkeiten.

So unterschiedlich die Nutzung des Michaelsbergs war, so vielgestaltig sind seine Bauten. Ältestes Gebäude ist der 1533 vollendete Turm der Stiftskirche, die mehrfach zweckentfremdet wurde, unter anderem als Werkstatt und Turnhalle, bevor sie im Juli 2011 als Kulturzentrum neu öffnete. Der Torturm am Eingang des Stiftsgeländes wurde 1622 erbaut, das Hauptgebäude stammt aus der Gründungszeit der Sozialeinrichtung, und die Schulen zeigen die heutige Architektur.

Blick auf den 1533 vollendeten Turm der Stiftskirche.

1025

Baubeginn für den Speyrer Dom

Der Dom zu Speyer ist nicht nur die bedeutendste Kirche der Pfalz, sondern auch das größte Bauwerk der Romanik auf deutschem Boden. Bauherr des mächtigen Gotteshauses war 1025 der salische König und nachmalige Kaiser Konrad II. (um 990 bis 1039). Erst viele Jahre nach seinem Tod, um 1100, war die Kirche vollendet.

Damals zählte Speyer, das als freie Reichstadt politisch nie Teil der Kurpfalz war, nur rund 500 Einwohner, doch dieser Dom machte den Ort zu einer der wichtigsten Städte im Heiligen Römischen Reich. Bedeutend ist der Dom, der offiziell Domkirche St. Maria und St. Stephan genannt wird, schon aufgrund seiner Grablege, die sich am östlichen Ende des Mittelschiffes befindet. In der Kaisergruft liegen Konrad II., seine Frau Gisela (990–1043), Sohn Heinrich III. (1016–1056) und dessen Nachfolger, die Kaiser Heinrich IV. (1050–1106) und Heinrich V. (1086–1125). Ebenso sind hier die Könige Adolf von Nassau (1250–1298) und Albrecht von Österreich (1255–1308) bestattet. Besonders eindrucksvoll gestaltet ist die Grabplatte des in Speyer verstorbenen Königs Rudolf von Habsburg (1218–1291), Ahnherr der Habsburger, da sein Porträt nicht mehr idealisierend, sondern lebensecht wirkt.

Besonderheiten des Gotteshauses, das aus Sandstein vom Pfälzer- und Odenwald errichtet wurde, sind der Kaisersaal im Westbau, die Zwerggalerie und vor allem die 1041 geweihte Krypta, Europas größte romanische Säulenhalle. 1450 brannte der Dom völlig aus, er musste neu aufgebaut werden, ebenso 1689 und nach 1794, als französische Truppen die Kurpfalz und damit auch den Dom verwüstet hatten. Unter Napoleon Bonaparte (1769–1821) wurde das Bistum aufgelöst, und der Dom, kurzzeitig als Stall und Materiallager genutzt, sollte wegen Baufälligkeit abgerissen werden. Neues Leben erhielt die Kirche nach Napoleons Niederlage; das Bistum wurde restituiert, der Dom saniert und neu geweiht. Mitte des 19. Jahrhunderts wurde das Kircheninnere im Auftrag des bayerischen Königs Ludwig I. (1786–1868) im Nazarener-Stil ausgemalt. Neu errichtet wurde die Westfassade, die als Haupteingang dient. 1925 erhielt der Dom durch Papst Pius XI. (1857–1939) den Titel »Päpstliche Basilika«, dies bedeutete eine besonders ehrenvolle Auszeichnung in seiner wechselvollen Geschichte.

Der von Weitem sichtbare, 134 Meter lange und bis zu 71 Meter hohe Dom, einst Symbol kaiserlicher Macht und noch immer die »Krone der Stadt«, ist eine Hauptsehenswürdigkeit der Rhein-Neckar-Region. Bereits 1981 wurde die weltweit größte erhaltene romanische Kirche als zweites Bauwerk in Deutschland (nach dem Aachener Dom, 1978) zum UNESCO-Weltkulturerbe erklärt.

▲ Die Altstadt von Speyer auf einer Ansichtskarte um 1910; in der Mitte der Dom.

▼ Der Dom von Speyer.

SPEYER.
Total.

Annweiler
Trifels Anebos Münz
Bindersbach
Ludwigshafener
Erholungsheim
Rehberg
Asselstein

1081

Trifels und die Reichskleinodien

Eine der bedeutendsten Burgen der ehemaligen Kurpfalz liegt oberhalb von Annweiler, der nach Speyer zweitältesten Stadt der heutigen Pfalz: Burg Trifels, die noch heute den Glanz des Mittelalters und die Macht der Staufer erahnen lässt.

Die mächtige Höhenburg, 1081 erstmals urkundlich erwähnt, gehörte ab 1113 zum Reichsgut der römisch-deutschen Könige. Damals regierte Heinrich V. (1081–1125), der letzte Kaiser aus dem Geschlecht der Salier. Nach seinem Tod wurden hier auf Veranlassung Herzog Friedrichs von Schwaben (1090–1147) vorübergehend die Reichskleinodien aufbewahrt. Sie kehrten hierher zurück, nachdem Friedrichs Sohn Friedrich Barbarossa (1122–1190) 1152 in Frankfurt zum König des Heiligen Römischen Reichs gewählt und in Aachen gekrönt worden war. Ältestes Stück der kaiserlichen Zeichen ist die Heilige Lanze, die der Überlieferung nach aus einem Nagel vom Kreuz Jesu bestehen soll. Zum damaligen Bestand gehörten ebenso die Reichskrone, das Reichskreuz, das Reichsschwert und der Reichsapfel. Bei der Krönung eines neuen Königs erhielt dieser den Reichsschatz als Zeichen der legitimen Nachfolge. Heute sind diese Herrschaftsinsignien hier als Kopie zu bewundern, die Originale befinden sich in der Schatzkammer der Wiener Hofburg.

Aufgrund ihrer uneinnehmbaren Lage galt die wehrhafte Anlage auf dem Trifels jahrhundertelang als sicherste Burg der Staufer. Überregionale Bedeutung erlangte sie, als hier im April 1193 der englische König Richard Löwenherz (1157–1199) als Gefangener Kaiser Heinrichs VI. (1165–1197) inhaftiert war. Richard I. Plantagenêt, so sein eigentlicher Name, war auf dem Rückweg vom dritten Kreuzzug bei Wien vom österreichischen Herzog Leopold V. (1157–1194) aufgrund persönlicher Differenzen in Gewahrsam genommen und dann dem römisch-deutschen Herrscher übergeben worden. Mehrfach musste Richard Löwenherz den Ort wechseln, so verbrachte er Weihnachten 1193 in Speyer, bis man ihn im Januar 1194 freiließ.

Die Burg Trifels war nur rund 500 Jahre lang bewohnt. Bereits ab dem 14. Jahrhundert, mit häufigen Besitzerwechseln, verlor sie an Bedeutung, bis sie um 1600 durch einen Blitzeinschlag zerstört wurde und verfiel. Erst die Burgenschwärmerei der Romantik Mitte des 19. Jahrhunderts verhalf dem Ort aus seinem Dornröschenschlaf. Der mühsame Aufstieg lohnt sich auf jeden Fall; von dem 32 Meter hohen Turm hat der Besucher eine Rundumsicht auf die Rheinebene und den unendlich wirkenden Pfälzerwald. Sehenswert ist zudem das Städtchen Annweiler, das mit seinen engen Gassen und malerischen Fachwerkhäusern einen besonderen Charme hat.

▲ Blick auf das alte Annweiler und den burgenreichen Pfälzerwald. ▼ Burg Trifels bei Annweiler war Aufbewahrungsort der Reichskleinodien.

1235

Die Schriesheimer Strahlenburg

Der Weg geht entlang der Weinberge und am Ziel lohnt den Aufstieg zur Strahlenburg bei klarer Sicht der grandiose Fernblick in die Rheinebene bis hin zum etwa 60 Kilometer entfernten Donnersberg. Der rund 27 Meter hohe Bergfried und die massiven Mauerreste des Palas sind das Wahrzeichen der 15 000 Einwohner großen Stadt Schriesheim.

Die Burgruine liegt zwischen Weinheim und Heidelberg und ist rund 500 Jahre jünger als der unter ihr liegende Ort. Errichtet wurde die Burg 1235 im Auftrag Conrads I. als Stammsitz der Strahlenberger, deren Vorfahren ursprünglich bei Leutershausen ansässig waren. Der Adelige gründete auch neben dem dörflichen Ort die Stadt Schriesheim. Mit dem Bau beging Conrad, der hier als Vogt fungierte, einen Rechtsbruch, denn das Gebiet gehörte dem Kloster Ellwangen. Nachdem er mit der Reichsacht belegt worden war, musste er die Burg als Lehen des Klosters annehmen. Kaum länger als hundert Jahre blieb die Burg im Besitz der Strahlenberger; 1347 wurde sie an Kurfürst Ruprecht den Älteren (1309–1390) verkauft.

Unter dessen Nachfahren erlebte die Burg, die im Lauf der Jahre stetig ausgebaut worden war, einen ersten Niedergang, als sie durch Kurfürst Friedrich I. (1425–1476) im Kampf gegen den rechtmäßigen Besitzer Herzog Ludwig I. von Veldenz-Zweibrücken (1424–1489) im Mai 1470 belagert wurde. Weitere überlieferte Ereignisse der Burggeschichte sind ein Brand im Jahr 1488 und die Zerstörung der Anlage im bayerisch-pfälzischen Erbfolgekrieg 1504. Viele Jahrzehnte ruhte die Ruine, bis Kurfürst Carl Philipp (1661–1742) ihren Abbruch genehmigte. Ab August 1733 wurden wochenlang die noch vorhandenen Mauern abgetragen und die massiven Steine zum Bau von Weinbergsmauern verwendet. Diese neuen Mauern sollten den Schlosswingert, also die Weinberge um die Ruine, vor Traubendiebstählen schützen.

Unter den Grafen von Oberndorff, einem Adelsgeschlecht aus der Oberpfalz, die in kurpfälzischen, dann in pfälzisch-bayerischen Diensten standen und denen die Ruine ab 1828 gehörte, begann die Sicherung der Anlage. Befreit von Schutt und Wildwuchs präsentiert sich seitdem die Strahlenburg als romantische Kulisse. Bereits Anfang des 20. Jahrhunderts wurde eine Burgwirtschaft eingerichtet, ein Neubau erfolgte Mitte der 1960er-Jahre. Nach mehreren Eigentümerwechseln ist die Strahlenburg eine der wenigen Burgen an der Bergstraße, die sich in Privatbesitz befinden, daher ist der Zugang nur bedingt möglich. Doch ein Picknick unterhalb der Ruine und oberhalb der Weinberge entschädigt dafür und ist ein Vergnügen angesichts der fabelhaften Aussicht.

Die 1235 errichtete Strahlenburg.

Kein
Winterdienst

1347

Dilsberg, einst eine eigene Stadt

Zu den idyllischsten Orten am Neckar gehört die Bergfeste Dilsberg, hoch über einer Flussschleife gelegen. Die mittelalterliche Wehranlage war der Ursprung des heutigen Ortsteils von Neckargemünd. Aufgrund seiner markanten Lage hatte der Bergrücken bereits für die Römer eine wichtige Funktion.

Schon rund 200 Jahre, bevor die Bergfeste zwischen 1050 und 1100 errichtet wurde, gehörte der Dilsberg zum Bistum Worms, das sich bis Wimpfen erstreckte. Nach mehreren Besitzerwechseln kam die 290 Meter über dem Neckar liegende Höhenburg um 1300 an die Pfalzgrafen. Im Lauf der Jahre entstand eine massive Verteidigungsanlage mit Palas, Ringmauern, Türmen, Wirtschafts- und Wohngebäuden, Zehntscheuer, Marstall und Fruchtspeicher. Übrig geblieben sind nur wenige Teile, zu groß waren die Zerstörungen im Dreißigjährigen Krieg (1618–1648). Aus der Frühzeit der Burg hat sich der (später verbreiterte) 46 Meter tiefe Brunnen erhalten.

Infolge der politischen Neuordnung zu Beginn des 19. Jahrhunderts und des damit verbundenen Endes der Kurpfalz kam der Ort an das neu gebildete Großherzogtum Baden. Zunächst war in der Burganlage ein Staatsgefängnis untergebracht, sogar eine Arrestzelle für aufmüpfige Studenten der nahe gelegenen Heidelberger Universität bestand hier kurzzeitig. Die inzwischen bedeutungslose, weitgehend ruinöse Burg diente ab 1822 jahrzehntelang als Steinbruch. Mit den abgerissenen Sandsteinquadern wurden Häuser der Gemeinde Dilsberg errichtet.

Welche administrative und militärische Bedeutung der Ort im Mittelalter für umliegende Gemeinden hatte, zeigt sich daran, dass Pfalzgraf Ruprecht I. (1309–1390), späterer Gründer der Universität Heidelberg (1386), ihm 1347 die Stadtrechte verlieh; verbunden war damit eine gewisse Autonomie. Doch die Selbstständigkeit der heute rund 2100 Einwohner großen Gemeinde endete im Jahr 1973 mit der Eingemeindung in die Stadt Neckargemünd.

Als weitgehend intaktes Gebäude innerhalb der historischen Burganlage gilt der um 1550 erbaute Kommandantenbau, der eine wechselvolle Geschichte hat: Mit Einzug der kurpfälzischen Garnison 1648 residierte hier der Kommandant, ab 1852 diente das Gebäude als Rathaus, Schule und Gefängnis. Nach dem Zweiten Weltkrieg fanden hier Heimatvertriebene eine Unterkunft. Als gegen Ende des 19. Jahrhunderts immer mehr Touristen den Neckar als geschichtsträchtiges Ziel entdeckten, widmeten sich die Denkmalpfleger der Erhaltung und Restaurierung der einst bedeutenden Burganlage. Seit 1996 im Besitz des Rhein-Neckar-Kreises ist das schön sanierte Kommandantenhaus ein beliebtes Zentrum zur Förderung von Kunst und Kultur.

Das um 1550 erbaute Kommandantenhaus.

1350

Anfänge des Schwetzinger Schlosses

Die rund 22 000 Einwohner große Stadt Schwetzingen, südlich von Mannheim und westlich von Heidelberg gelegen, ist bekannt für ihren Spargelanbau, der hier seit 1668 betrieben wird, für ihr prachtvolles Schloss und vor allem für den so abwechslungsreich gestalteten Schlosspark.

Als Wasserburg erstmals 1350 erwähnt, erlebte die Anlage im Lauf der Jahrhunderte mehrere Erweiterungen, Zerstörungen und Wiederaufbauten, bis sie unter Kurfürst Karl Theodor (1724–1799) zur Sommerresidenz ausgebaut wurde. Die Mitte des 18. Jahrhunderts ist denn auch die Blütezeit des Schlosses. Das Hauptgebäude in seiner heutigen Form entstand um 1700, die in einem Halbrund angelegten Zirkelbauten sind rund 50 Jahre jünger. Die Barockbauten dienten schon zu ihrer Zeit repräsentativen Zwecken. Heute sind in ihnen ein Restaurant und ein Café untergebracht, sie fungieren als Konzert- und Ausstellungsraum und als Foyer für das angrenzende Schlosstheater (1752), das als ältestes Rangtheater weltweit und als ältestes Theater Baden-Württembergs gilt. Von hier überträgt der Südwestrundfunk seit 1952 alljährlich die deutschlandweit bekannten Schwetzinger SWR-Festspiele.

So schön die Barockbauten sind, die teilweise auch von staatlichen Einrichtungen genutzt werden, so bedeutend ist der 72 Hektar große Park, der einen französischen und einen englischen Garten enthält und noch heute die Harmonie, Fantasie und Leichtigkeit einer barocken Sommerresidenz vermittelt. Die gepflegte Grünanlage ist reich an Überraschungen. Der weitläufige Park umfasst einen See und Wasserläufe, zahlreiche Statuen, Büsten, Brunnen und etliche bemerkenswerte Bauten. Dazu zählen der Merkur- und der Minervatempel, das reich dekorierte Badhaus, in dem sich einst Karl Theodor als Privatmann vergnügte, und vor allem die Moschee, die erst 1793 und damit nach seiner Übersiedlung nach München fertiggestellt wurde. Sie war ursprünglich nicht als Gotteshaus gedacht, sondern als Symbol der Aufklärung. Zu diesem architektonischen Meisterwerk gehört ein idyllischer Wandelgang mit Eckpavillons. Genauso originell gestaltet ist an anderer Stelle des Parks das »Ende der Welt«, ein weiterer Laubengang, an dessen Ende sich eine Flusslandschaft auftut, die Kopie eines Gemäldes von Ferdinand Kobell (1740–1799).

Mehr als 700 000 Besucher erfreuen sich alljährlich im und am Park, der zu jeder Jahreszeit reizvoll ist, vor allem zur Blüte im Frühling und während der Laubfärbung im Herbst. Auch Karl Theodors Gäste Voltaire, Wolfgang Amadeus Mozart und Friedrich Schiller waren von der Pracht beeindruckt und ließen sich hier zu neuen Taten inspirieren.

▲ Zu den prachtvollsten Bauten der Kurpfalz zählt das Schwetzinger Schloss, ehemalige Sommerresidenz der Kurfürsten. ▼ Das Denkmal »Spargelfrau« (1990) von Franz-Werner Müller-Steinfurth lässt den Spargelanbau bei Schwetzingen hochleben.

KARL LUDWIG

1356

Die Pfalzgrafen werden Königswähler

Die Pfalzgrafen »bei Rhein« waren ursprünglich für die Verwaltung und Rechtsprechung auf Gütern des Königs zuständig, sie gehörten damit zu den obersten Vertretern des Königs an der Königspfalz zu Aachen. Seit dem Mittelalter erwarben sie besondere Titel und weitere Ämter, die sie zu führenden Familien im Reich machten. Im Lauf der Zeit ging die Bezeichnung ihrer Funktion auf das von ihnen regierte Land über.

Im 13. Jahrhundert gelangte die Pfalzgrafschaft, deren Stammlande in der heutigen Metropolregion Rhein-Neckar (um Mannheim und Heidelberg) lagen, an die Wittelsbacher, eines der ältesten deutschen Hochadelsgeschlechter. Ihr Herrschaftsgebiet war kein geschlossenes Territorium, sondern erstreckte sich über Gebiete entlang der Mosel, des Mittel- und des Oberrheins. Mit der »Goldenen Bulle«, verkündet auf dem Nürnberger Hoftag von 1356, wurden die Pfalzgrafen in den erlauchten Kreis der Königswähler aufgenommen (zu diesen gehörten außerdem die Erzbischöfe von Mainz, Köln und Trier, der König von Böhmen, der Herzog von Sachsen und der Markgraf von Brandenburg). Diese von Kaiser Karl IV. (1316–1378) erlassene Regelung galt als Grundgesetz des Heiligen Römischen Reiches und im Wesentlichen bis zu dessen Ende 1806. Mit dieser Rangerhöhung waren die wittelsbachischen Pfalzgrafen zugleich Kurfürsten und ihre Gebiete wurden als Kurpfalz bezeichnet.

Erster Kurfürst war Pfalzgraf Ruprecht I. (1309–1390), der gegen Ende seiner über 60-jährigen Herrschaft die Universität Heidelberg (1386) gründete. Mit ihren zahlreichen Besitzungen kamen die pfälzischen Kurfürsten zu hohen Einnahmen aus Gebühren an Fernhandelswegen und Flusszöllen an Rhein und Neckar, was ihnen den Ausbau ihres Gebietes ermöglichte. Über Jahrhunderte gehörten sie zu den politisch bedeutendsten Herrschern des Reiches. Mit Ruprecht III. (1352–1410) saß von 1400 bis zu seinem Tod ein pfälzischer Kurfürst auf dem Königsthron.

Ab 1356 regierten 20 Pfalzgrafen (aus verschiedenen wittelsbachischen Linien) die Kurpfalz, bis nach dem Aussterben der bayerischen Linie der Wittelsbacher der pfälzischen Linie unter Karl Theodor das Kurfürstentum Bayern zufiel (1777); damit verlor die Kurpfalz am Oberrhein an Bedeutung. Mit dem Reichsdeputationshauptschluss von 1803 wurde der rechtsrheinische Teil der Kurpfalz aufgeteilt; dieses Gebiet kam überwiegend an das kurzlebige Kurfürstentum Baden. Eine weitere politische Neuordnung schuf der Wiener Kongress (1814/15); die Gebiete der einstigen Kurpfalz gehörten linksrheinisch nun überwiegend zum Königreich Bayern und zum Großherzogtum Hessen-Darmstadt, rechtsrheinisch zum Großherzogtum Baden.

Ein Standbild im Innenhof des Mannheimer Schlosses ist Kurfürst Karl Ludwig (1617–1680) gewidmet.

1360

Fachwerkstadt Mosbach

Mosbach, mit rund 25 000 Einwohnern größte Stadt des Neckar-Odenwald-Kreises, hat zwar auch eine lange und abwechslungsreiche Geschichte, blieb dank seiner Lage jedoch im Gegensatz zu weiten Teile der Kurpfalz von den Zerstörungen des Pfälzischen Erbfolgekrieges (1688–1697) verschont.

Sehenswert ist der an der Elz gelegene Ort wegen seiner Fachwerkhäuser, die in kurpfälzischer Zeit entstanden. Diese begann 1362, nachdem Mosbach den Status als freie Reichsstadt (ab 1241) verloren hatte. Das älteste noch heute vorhandene Fachwerkhaus ist das 1360 als Badhaus errichtete Eckgebäude in der Badgasse. Wie auch bei den meisten anderen Fachwerkhäusern besteht das Erdgeschoss aus roten Sandsteinen, die den ursprünglichen Holzbau ersetzten. Das 1425 vollendete Salzhaus, ein einfacher, schmaler, dreigeschossiger Bau mit steilem Satteldach in der Hauptstraße, fungierte als Salzlager, bevor es jahrhundertelang von jüdischen Händlern genutzt wurde. Ebenfalls in der Hauptstraße steht ein repräsentatives Haus, das in seiner heutigen Form aus dem späten 16. Jahrhundert stammt und unterschiedlichen Zwecken diente, wie das auch für die stattlichen und reich verzierten Fachwerkbauten am Marktplatz, in der Hospitalgasse oder Schlossgasse zutrifft. Heute überwiegend als Wohnhäuser genutzt, befanden sich in ihnen früher Geschäfte, Werkstätten, Praxen, Kanzleien und vor allem Gasthäuser.

Das Alte Hospital, erbaut 1465, beherbergt heute das Heimatmuseum. Der schönste Bau der Stadt, ja eines der prachtvollsten Fachwerkhäuser des ganzen Landes steht ebenfalls am Marktplatz, es ist das Palm'sche Haus, das, so die Bauinschrift, 1610 errichtet wurde. Dieses Jahr bedeutete für die Kurpfalz eine Zäsur: Kurfürst Friedrich IV. starb mit nur 36 Jahren an den Folgen seines »ausschweifenden Lebenswandels«, und sein minderjähriger Sohn Friedrich V. (1596–1632), der als »Winterkönig« in die Geschichtsbücher einging, wurde sein Nachfolger. Namensgeber des Hauses war Anton Palm, ein späterer Besitzer. Auch dieses Haus hat ein steinernes Sockelgeschoss, darüber erheben sich drei Fachwerkgeschosse, die eine variantenreiche und höchst dekorative Fassade bilden. Genauso originell gestaltet ist der auf einer Konsole ruhende Erker, der Neidköpfe, also Fratzen, und weitere Schmuckelemente zeigt.

So herrschaftlich dieser Bau ist, so bescheiden ist das Haus Kickelhain (um 1790) in der Harnischgasse; es ist eines der kleinsten freistehenden Fachwerkhäuser und zeigt, wie einfach die Wohnverhältnisse früher sein konnten. Die geschichtsträchtigen Fachwerkbauten Mosbachs sind ein besonderer Kulturschatz in der Kurpfalz.

▲ Rathaus (links) und Palm'sches Haus (rechts) in Mosbach. ▼ Der von Fachwerkhäusern umgebene Mosbacher Marktplatz.

MUSEUM
MUSEUM

DEM LEBENDIGEN GEIST

1386

Gründung der Universität Heidelberg

Die ersten Universitäten wurden im hohen Mittelalter gegründet. Sie gingen aus Kloster- und Domschulen hervor. Zu den frühen Universitäten, an denen Männer Kirchenrecht, weltliches Recht und Medizin studieren konnten, gehören Bologna (1088), Oxford (1096) und Paris (1150). Im Heiligen Römischen Reich öffneten die Universitäten zu Prag (1348), Wien (1365) und Heidelberg (1386) als erste dieser Hochschulen.

Heidelberg ist damit die älteste Universität im heutigen Deutschland, gegründet nach Genehmigung durch Papst Urban VI. (1318–1389) von Kurfürst Ruprecht I. Ab 1556 wurde die Einrichtung in eine evangelische Landesuniversität der Kurpfalz umgewandelt. Dank der Hochschule entwickelte sich Heidelberg ab dem 15. Jahrhundert zu einem Zentrum der Wissenschaft und Kultur. Zwar wurden bereits 1388 auch in Köln und 1402 in Würzburg Universitäten gegründet, doch im Südwesten Deutschlands kamen erst 1457 mit Freiburg sowie 1477 mit Mainz und Tübingen weitere Hochschulen hinzu. Die Wirren des Dreißigjährigen Krieges (1618–1648) beendeten vorübergehend den Lehrbetrieb.

In den Jahren um 1720 entstand mitten in Heidelberg ein prachtvolles Barockgebäude für Professoren und Studenten, das heute als Alte Universität bezeichnet wird. Ihr gegenüber befindet sich die Neue Universität von 1930/34, weitere Fakultäten haben ihren Sitz im Neuenheimer Feld. Nachdem Heidelberg 1806 Teil des Großherzogtums Baden geworden und damit die Hochschule staatlich neu organisiert worden war, erhielt sie ihren heutigen Namen Ruprecht-Karls-Universität. Namensgeber sind Kurfürst Ruprecht, der Stifter von 1386, und Karl Friedrich (1728–1811), der erste badische Großherzog.

Bis zur Reichsgründung 1871 war es üblich, dass die Vorlesungen auf Latein stattfanden und man nur die Immatrikulation von Männern gestattete. Diese Beschränkung änderte sich 1900. Bereits 1869 war die Russin Sofja Kowalewskaja (1850–1891) als erste Gasthörerin zugelassen; sie hörte Vorlesungen unter anderem bei dem Mathematiker Leo Koenigsberger (1837–1921), dem Physiker Hermann Helmholtz (1821–1894) und dem Chemiker Robert Wilhelm Bunsen (1811–1899). Solche Ausnahmen waren möglich, bevor das Großherzogtum Baden als erstes deutsches Land Frauen den vollen Zugang zum Universitätsstudium erlaubte. Heidelberg und Freiburg spielten mit dem Erlass vom 28. Februar 1900 eine Vorreiterrolle. Heute studieren rund 30 000 Studenten in Heidelberg, etwa 20 Prozent von ihnen kommen aus dem Ausland. Die Universitätsbibliothek enthält nicht nur einen Teil der wichtigsten mittelalterlichen Handschriftensammlung, sondern legt auch einen Schwerpunkt auf das Schrifttum über die Kurpfalz.

▲ Die zwischen 1712 und 1735 errichtete Alte Universität Heidelberg. ▼ Die zu Beginn der 1930er-Jahre erbaute Neue Universität, hier der Eingang zur Neuen Aula.

1460

Der Heppenheimer Schlangenstein

Im Süden Hessens liegen mit Heppenheim und Bensheim zwei malerische Städte, deren Altstadt aus historischen Fachwerkhäusern besteht und deren Geschichte vergleichbar ist. 755 beziehungsweise 765 erstmals offiziell erwähnt, waren sie eng mit dem Reichskloster Lorsch verbunden und gehörten im Mittelalter mal zum weltlichen Herrschaftsgebiet der Mainzer Kurfürsten und Erzbischöfe (Kurmainz), mal zur Kurpfalz.

Eine weitere Gemeinsamkeit: Oberhalb der Städte liegen mit der Starkenburg (1065) bei Heppenheim und dem Auerbacher Schloss (um 1220) bei Bensheim zwei mächtige Burgen am Rand des Odenwalds. Über die Jahrhunderte hinweg versuchten hier Kurmainz und Kurpfalz jeweils die Vorherrschaft auszuüben, und dies führte im März 1460 zu einem zweimonatigen Krieg. Truppen des Mainzer Erzbischofs Diether von Isenburg (1412–1482) unter Führung Ulrichs III. von Cronberg (1420–1460), Burggraf zu Starkenburg, standen bei Laudenbach und Hemsbach dem Aufgebot von Kurfürst Friedrich dem Siegreichen (1425–1476) gegenüber. Burggraf Ulrich kam im Mai 1460 zu Tode, und auch in Pfeddersheim auf der anderen Rheinseite kapitulierten die Mainzer Soldaten und die mit ihnen verbündete Armee Kaiser Friedrichs III. (1415–1493).

Ein Jahr später kam es zur Annäherung beider Kurfürsten während des Badisch-Pfälzischen Krieges (1461/62), bei dem es um die Neubesetzung des Mainzer Bischofsstuhls (»Mainzer Stiftsfehde«) ging. Kurfürst Friedrich unterstützte nun Diether, der von Kaiser Friedrich III. für abgesetzt erklärt und durch Adolf von Nassau (1423–1475) als Bischof ersetzt worden war. Im November 1461 schlossen Kurfürst Friedrich und Erzbischof Diether den Weinheimer Bund, mit dem Heppenheim sowie Starkenburg für 160 Jahre an die Kurpfalz verpfändet wurden, für rund 200 Jahre auch Bensheim (danach gehörte das Gebiet wieder zu Kurmainz).

Im weiteren Verlauf des Krieges wurden zahlreiche kurpfälzische Dörfer vernichtet. Die Entscheidungsschlacht fand im Juni 1462 südlich von Seckenheim statt, in ihr siegte Kurfürst Friedrich über die Badener. Das Ende der Fehde: Adolf blieb bis zu seinem Tod 1475 Erzbischof von Mainz, Nachfolger wurde sein Vorgänger, nämlich Diether! An den Tod Ulrichs III. und damit an den Krieg von 1460 erinnert der »Schlangenstein«, das älteste Kriegerdenkmal der Region. Jahrhundertelang befand sich der Gedenkstein am südlichen Ortsausgang von Laudenbach, seit 2004 steht er im Museum von Heppenheim, eine Kopie befindet sich im Rathaus von Laudenbach. Auch der siegreiche Friedrich ist heute noch präsent – er wurde zum Namensgeber des 1682 gegründeten Ortes Friedrichsfeld, seit 1930 ein Stadtteil von Mannheim.

Der Schlangenstein von 1460.

Gott zu Ehren
Melanchthon zum Gedächtnis
Errichtet von der evangelischen Christenheit

1497

Philipp Melanchthon wird geboren

Das heute 30 000 Einwohner große Bretten gehörte ab der Mitte des 14. Jahrhunderts bis 1803 zum südlichsten Teil der Kurpfalz. Im Pfälzischen Erbfolgekrieg (1689) zerstört, präsentiert sich die Innenstadt um den idyllischen Marktplatz mit schmucken Fachwerkhäusern, die zu Beginn des 18. Jahrhunderts erbaut wurden. Bekannt ist Bretten als Geburtsstadt von Philipp Melanchthon.

Im Februar 1497 als Philipp Schwartzerdt geboren, ging der Sohn eines kurfürstlichen Rüstmeisters in Pforzheim auf die Lateinschule, wo er auch Griechisch lernte. Schon als Kind vertiefte er sich so sehr in die Sprache, dass sein Großonkel und Förderer, der Philosoph und Humanist Johannes Reuchlin (1455–1522), Philipps Nachnamen 1509 ins Griechische übersetzte; fortan nannte sich dieser Melanchthon. Bereits als Zwölfjähriger studierte er an der Universität Heidelberg, nach drei Jahren wechselte er nach Tübingen und 21-jährig erhielt er einen Ruf nach Wittenberg. Dort übernahm er eine Professur für Griechisch, ab 1519 lehrte er auch Theologie.

An der Universität lernte Melanchthon nicht nur Martin Luther (1483–1546) kennen, er war dort auch einer der beliebtesten und wirkmächtigsten Dozenten. Mit seiner rhetorischen Begabung und zahlreichen Schriften begleitete und verteidigte der umfassend gebildete Humanist Luthers Lehre. Zu seinen grundlegenden Bekenntnisschriften gehören das »Augsburger Bekenntnis« (1530) und der »Tractatus de potestate papae« (1537). Als Rektor war er maßgeblich an der Wittenberger Universitätsreform beteiligt, er gestaltete die kursächsischen Kirchenvisitationen sowie das Landeskirchensystem und nahm an mehreren Religionsgesprächen im damaligen Reich teil. Außerdem schuf der Vater von vier Kindern die Grundlagen für das evangelische Bildungswesen. Geprägt von seinem Einfluss war auch der 1563 erschienene Heidelberger Katechismus. Ferner schrieb er Werke zur Mathematik, Geschichtsschreibung, Astronomie und Astrologie, Rechtswissenschaft und Medizin. Schon 1560 wurde er als »Praeceptor Germaniae« (»Lehrer Deutschlands«) bezeichnet.

Nach seinem Tod am 19. April 1560 wurde er in der Schlosskirche zu Wittenberg bestattet (wie 1546 Luther). Deutschlandweit erinnern an Philipp Melanchthon, der nicht nur ein Wegbereiter und Nachlassverwalter Luthers war, sondern als eigenständige Persönlichkeit Reformationsgeschichte mitgeschrieben hat, zahlreiche Denkmäler. In Bretten befindet sich eine besondere Würdigung: Anlässlich seines 400. Geburtstags ließ die Stadt an der Stelle, an der bis zur Zerstörung 1689 sein Geburtshaus stand, das Melanchthonhaus errichten. Es dokumentiert anschaulich Leben und Werk des Universalgelehrten.

Das 1903 eingeweihte Melanchthon-Haus.

1517

Götz von Berlichingen kauft Hornberg

In keinem anderen Gebiet Deutschlands befanden sich auf engem Raum so viele Burgen wie in der Pfalz, 500 sollen es gewesen sein, von denen rund 100 als Ruinen erhalten sind. Zahlreich sind auch die Burgen oder deren Überreste im Odenwald und entlang des Neckars; zu den bekanntesten hier zählt Burg Hornberg.

Die Ende des 11. Jahrhunderts errichtete Höhenburg liegt oberhalb der kleinen Gemeinde Neckarzimmern. Mit Blick auf die Neckarschifffahrt hatte die mächtige Anlage der Grafen von Lauffen strategische Bedeutung. Wie auch bei anderen Burgen war für Hornberg ein häufiger Besitzerwechsel typisch. Nach der Eroberung durch Kurfürst Friedrich den Siegreichen gehörte die von Weinbergen umgebene Burg nur für wenige Jahre und unrechtmäßig zur Kurpfalz, bis sie der Familie Schott von Schottenstein 1504 zurückgegeben wurde. Im April 1517 erwarb der fränkische Reichsritter Gottfried (Götz) von Berlichingen (1480–1562) Hornberg.

Im Bauernkrieg 1525 spielte der Ritter mit der eisernen Hand eine zwielichtige Rolle; auf Druck der Bauern war er Anführer des Odenwälder Haufens und damit verantwortlich für Aufstände und Plünderungen. Wegen seiner Teilnahme am Bauernkrieg wurde Berlichingen 1528 vom Reichskammergericht verurteilt und für zwei Jahre inhaftiert. Nach seiner Freilassung lebte Götz bis zu seinem Tod auf der Burg Hornberg, die er ausbauen ließ. Den Beinamen »mit der eisernen Hand« hatte er wegen seiner Handprothese erhalten, die ihm nach Verlust seiner rechten Hand im Landshuter Erbfolgekrieg 1504 angefertigt worden war. Auf seiner Burg diktierte der Ritter seine Lebensgeschichte, die viele Jahrzehnte später Johann Wolfgang von Goethe für sein 1774 uraufgeführtes Drama »Götz von Berlichingen mit der eisernen Hand« verwendete. Thema des Stücks ist die individuelle Unabhängigkeit, die im Widerspruch zum modernen Verwaltungsstaat steht. Im dritten Akt des Dramas wird das berühmte Zitat ausgesprochen, das dem historischen Ritter nachgesagt wird: »Er aber, sag's ihm, er kann mich im Arsche lecken.«

1612 übernahm der kurfürstlich-pfälzische Rat Reinhard Reichsfreiherr von Gemmingen (1576–1635) die Burg, die sich noch heute im Besitz seiner Nachfahren befindet und mit Museum und Restaurant zu einem Besuch einlädt. Das der Familie von Gemmingen gehörende Weingut Burg Hornberg gilt als ältestes in Baden-Württemberg; erstmals erwähnt wurden die Weinberge unterhalb der Burg im Jahr 1184. Bei einem Glas Trollinger oder Riesling ist der Blick auf das Neckartal ein besonderer Genuss.

▲ Burg Hornberg im Neckartal bei Neckarzimmern. ▼ Postkarte von 1906 mit Porträt Götz von Berlichingens und Ansicht der Burg.

Götz von Berlichingen
der Ritter
mit der eisernen Hand
Burg Hornberg a. N.

Kirchplatz

1562

Migration in früher Zeit

Rund 156 000 Menschen mit Migrationshintergrund leben heute in Mannheim, das entspricht 48 Prozent der Gesamtbevölkerung, 160 verschiedene Nationalitäten sind hier gemeldet. Zahlreiche Ausländer kamen als »Gastarbeiter« im Zug des »Wirtschaftswunders« ab Anfang der 1960er-Jahre in den Südwesten Deutschlands. Mit dem Fall des Eisernen Vorhangs 1990 zogen viele Menschen aus Osteuropa hierher.

Doch Zuwanderung in die Kurpfalz gab es schon zu Beginn der frühen Neuzeit, wie vier Beispiele belegen. 1562 erreichten mehrere Familien aus Antwerpen, Brüssel und anderen Orten in Flandern das Gebiet der heutigen Vorderpfalz. Diese Menschen waren als Calvinisten in ihrer Heimat verfolgt. Calvinisten waren Gläubige, die sich auf die Lehre des französischen Reformators Johannes Calvin (1509–1564) beriefen. Die Niederlande standen damals unter spanischer Herrschaft. König Philipp II. (1527–1598) war als Katholik ein Gegner der protestantischen und reformierten Bewegung, daher ließ er die Calvinisten verfolgen.

Der zunächst lutherische Kurfürst Friedrich III. (1515–1576), auch »der Fromme« genannt, wurde 1559 Calvinist. Er initiierte den Heidelberger Katechismus (1563), der die Kirchenordnung änderte und den Katechismus Luthers ersetzte. Die Lutheraner verließen die Kurpfalz. Mit seiner Haltung isolierte sich Friedrich III. von den katholischen Landesherren und den Herrschern, die sich Luthers Lehre verbunden fühlten.

Friedrich beließ den geflüchteten Flamen und Wallonen ihre bisherige Kultur und ihre Muttersprache. Den Zuwanderern des Jahres 1562 und den Nachzüglern bot er Wohnraum in Frankenthal. Unter den neuen Bewohnern befanden sich zahlreiche Kaufleute, Silber- und Goldschmiede, Textilfabrikanten und Maler. Dank ihres tatkräftigen Wirtschaftens prosperierte die Ortschaft, sodass Frankenthal nur wenige Jahre später, 1577, von Friedrichs Sohn und Nachfolger Johann Casimir (1543–1592) die Stadtrechte erhielt. An die »Willkommenskultur« Kurfürst Friedrich III. erinnert bis heute ein im September 1979 aufgestellter Gedenkstein am Altrhein bei Roxheim.

Auch in Lambrecht, zwischen Neustadt und Kaiserslautern gelegen, gewährte der Kurfürst 350 Familien Asyl. Es waren wallonische Tuchweber, die als Hugenotten ihres Glaubens wegen 1565 aus der Region um Brüssel in die Pfalz einwanderten. Friedrich III. überließ ihnen das kurz zuvor aufgelöste Benediktinerkloster St. Lambrecht einschließlich der dazu gehörigen Ländereien. Bereits 1570 errichteten die Emigranten die große Walkmühle an der Brücke über den Speyerbach. Jahrhundertelang arbeiteten sie und ihre Nachkommen als Weber, Walker, Spinner,

▲ Ein Gedenkstein in Roxheim für die Ankunft der niederländischen Hugenotten in der Kurpfalz im Jahr 1562. ▼ Die Mennonitenkirche (1836) in Ibersheim war geistiges Zentrum der ab 1661 eingewanderten Mennoniten.

Färber, Wollwäscher und Tuchscherer. 1966 stellte die letzte Tuchfabrik ihre Produktion ein. Ein Unternehmen aus vergangener Zeit allerdings existiert noch heute: die 1585 gegründete Firma J. J. Marx. Auch diese Familie stammte aus Wallonien und hieß bis zur Eindeutschung ihres Namens Remacle. Der Betrieb geht auf Johann Jakob Marx (1781–1851) zurück. Mitte des 19. Jahrhunderts hatte das Unternehmen 700 Beschäftigte. Dank frühzeitiger Umstellung auf andere Produkte hat sich die Firma behaupten können. Heute ist der Betrieb führend in der Produktion und weltweiten Vermarktung von technischen Geweben, von Trocken- und Spiralsieben, Nassfilzen oder Transportbändern für die Papier- und Vliesstoffindustrie. Die Firma J. J. Marx in Lambrecht ist das älteste noch existierende Unternehmen der Pfalz.

Religiöse Toleranz herrschte auch unter Kurfürst Karl Ludwig (1617–1680), der sein durch den Dreißigjährigen Krieg stark entvölkertes Territorium neu besiedeln ließ. Sichtbarer Ausdruck für seine Geisteshaltung war der Bau der Mannheimer Konkordienkirche (1680), die allen Gemeinden der Stadt offen stand. Zur wirtschaftlichen Förderung seines Landes lockte er Zuzugswillige mit Grundbesitz und Steuerfreiheit.

Zu seinem Herrschaftsgebiet gehörte auch die Gemeinde Ibersheim, heute ein Stadtteil von Worms, wo sich als konfessionelle Minderheit Mennoniten ansiedelten. Die während der Reformation in Zürich entstandene Täuferbewegung, benannt nach dem niederländischen Theologen Menno Simons (1496–1561), praktiziert die Erwachsenentaufe. Oftmals waren die Angehörigen der Mennonitengemeinden der Verfolgung ausgesetzt, unter anderem weil sie den Kriegsdienst und den Eid ablehnten. Der Ibersheimer Hof, Keimzelle des Ortes, war aufgrund des Dreißigjährigen Krieges verlassen, und so kam es, dass Karl Ludwig im Jahr 1661 mit Mennoniten einen Vertrag schloss, der ihre Ansiedlung regelte. Während des Pfälzischen Erbfolgekrieges geflüchtet, kamen die mennonitischen Familien um 1700 wieder zurück, und es gelang ihnen, Ibersheim zu einer landwirtschaftlich blühenden Gemeinde und zu einem wichtigen Zentrum ihrer Glaubensrichtung aufzubauen. 1836 weihten die Gemeindemitglieder ihre heutige Kirche ein. Das im klassizistischen Stil errichtete schlichte Gebäude an der Menno-Simons-Straße ist die einzige mennonitische Kirche in Süddeutschland, die einen Kirchturm und Kirchenglocken besitzt.

Wie sein Vater betrieb Kurfürst Karl II. (1651–1685) Wirtschaftspolitik bei religiöser Toleranz. 1682 überließ er zehn Familien aus Lothringen ein brach liegendes Gelände bei Seckenheim. Das neue Dorf wurde Friedrichsfeld genannt. Namensgeber war Kurfürst Friedrich der Siegreiche. Mit viel Engagement bauten die Glaubensflüchtlinge eine neue Heimat auf. Als jedoch im Pfälzischen Erbfolgekrieg Truppen des französischen Königs Ludwig XIV. (1638–1715) die Kurpfalz verwüsteten, flohen sie nach Brandenburg. Immerhin erinnern in dem heutigen Stadtteil von Mannheim die neugotische Johannes-Calvin-Kirche und mehrere Straßen an die Herkunft der ersten Siedler Friedrichsfelds.

Die Konkordienkirche (1680) in Mannheim sollte allen Gläubigen der Stadt zur Verfügung stehen.

MITTEN
IM
LEBEN
YKIRCHE
KORDIEN

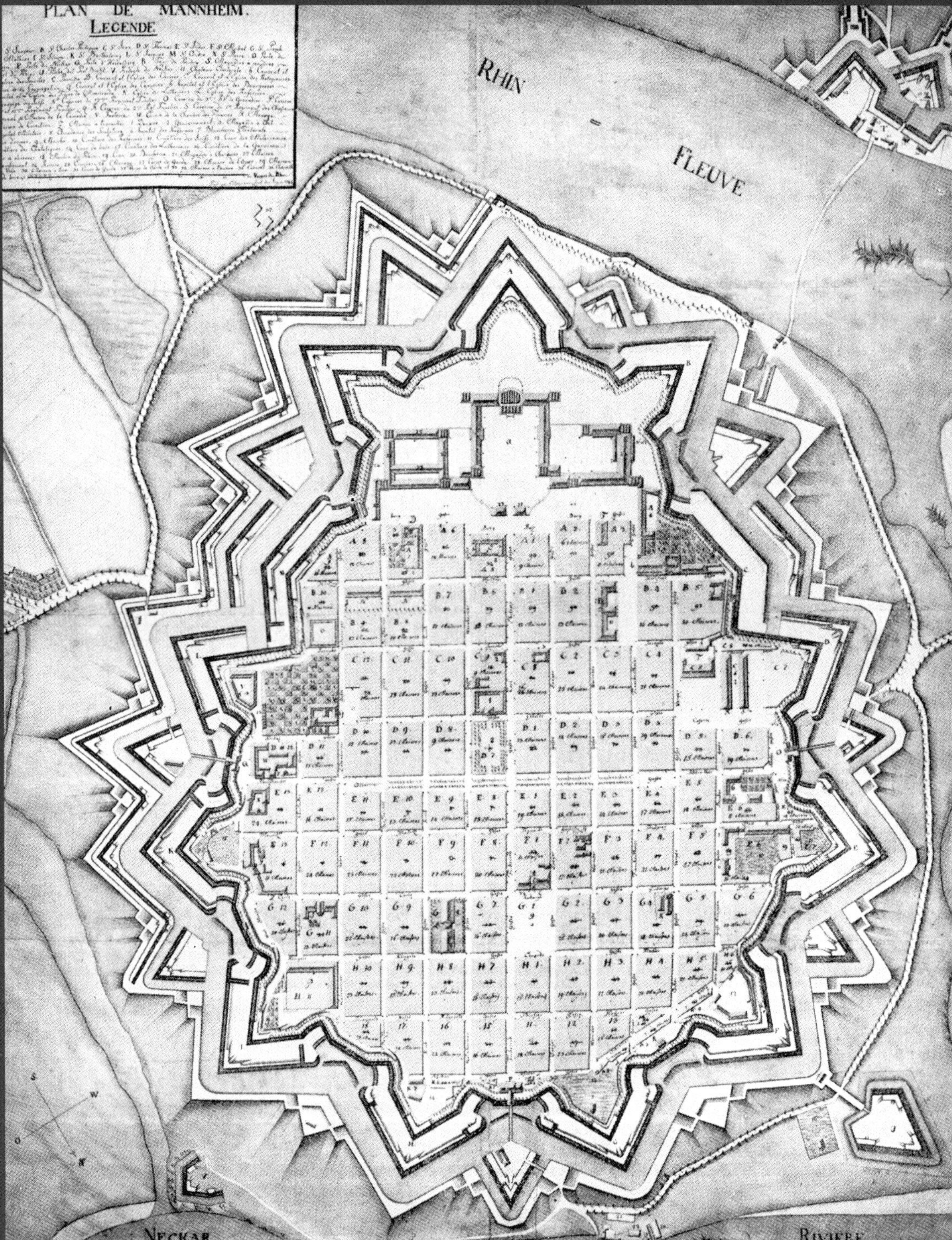
PLAN DE MANNHEIM.
LEGENDE
RHIN
FLEUVE
NECKAR
RIVIERE

Die Quadratestadt Mannheim

Das heutige Mannheim ist eine vergleichsweise junge Stadt. Kurfürst Friedrich IV. (1574–1610) gilt als ihr Gründer. Er ließ ab März 1606 beim Fischerdorf Mannheim am Rhein eine Befestigungsanlage und auf der anderen Flussseite einen Brückenkopf, die Rheinschanze, anlegen. Die sternförmig errichtete Bastion erhielt den Namen Friedrichsburg.

Etwa zeitgleich entstand bei der Zitadelle die Stadt mit einem gitterförmigen Straßennetz. Die neue Siedlung erhielt am 24. Januar 1607 die Stadtrechte. Nur sechs Jahre später verlieh ihr Herzog Johann II. von Zweibrücken (1584–1635), Vormund des minderjährigen Kurfürsten Friedrich V. (1596–1632), die Marktprivilegien. Für den erstmals 1614 durchgeführten Jahrmarkt um den 1. Mai bürgerte sich schnell der Name »Maimarkt« ein. Heute ist er die größte Regionalmesse Deutschlands.

Planstädte sind aus dem Mittelalter bekannt, weitere kamen im Zeitalter des Absolutismus hinzu. Dazu zählen Freiburg, Offenburg, Arolsen, Ludwigsburg, Ludwigslust, Rastatt oder Karlsruhe. In Mannheim ist die historische Innenstadt nicht nach Straßenzügen, sondern nach ungefähr quadratischen Häuserblocks angelegt. Diese schachbrettartige Anlage diente der guten Einsehbarkeit. Eine Kontrolle über die Bewohner war hier besser möglich als in einer Stadt mit verwinkelten Gassen. Das deutschlandweit Einmalige an Mannheim sind die Adressen, die Bezeichnung nach den Buchstaben und Zahlen der Blocks. Bis zur Einführung der außergewöhnlichen Nummerierung gab es auch hier die üblichen Straßennamen (»Ludwigsgasse«, »Friedrichsgasse«). Im Lauf der Geschichte variierte die Einteilung, die heutige Systematik wurde im Jahr 1811 festgelegt. Seitdem beginnt vom Schloss aus die linke Seite der Kurpfalzstraße (Breite Straße) mit dem Block A 1, sie endet mit K 1 an der Kurpfalzbrücke. L 1 ist das erste Quadrat rechts vom Schloss, diese Seite endet mit U 1. Die weiteren Blocks werden von der Straßenachse aus nummeriert. Die Hauszählung in jedem Quadrat beginnt stets an der schlosszugewandten Seite.

Umschlossen wird das hufeisenförmig angelegte Zentrum mit seinen insgesamt 144 Quadraten durch einen ab 1865 angelegten Ring (Park-, Luisen-, Friedrichs- sowie Kaiserring), der an der Bismarckstraße beginnt, die parallel zum Schloss verläuft. Nur wenige Plätze und Straßen innerhalb des Hufeisens tragen einen zusätzlichen Namen (Paradeplatz, Planken, Kunststraße, Fressgasse, Schillerplatz). Kein Wunder, dass Mannheims Motto und Logo lautet: »Mannheim im Quadrat«.

Plan der Quadratestadt Mannheim um 1800.

1652

Liselotte von der Pfalz

Auch wenn sie nur wenige Jahre in der Kurpfalz lebte, gilt Liselotte von der Pfalz bis heute als bekannteste Pfälzerin. Sie ist besonders als prominente Briefeschreiberin der Barockzeit im Gedächtnis.

Die 1652 in Heidelberg geborene Elisabeth Charlotte Prinzessin von der Pfalz entstammte der Linie Pfalz-Simmern des Hauses Wittelsbach. Sie war Tochter des Kurfürsten Karl I. Ludwig (1617–1680) und seiner Frau Charlotte von Hessen-Kassel (1627–1686), ihr Großvater väterlicherseits war Friedrich V. von der Pfalz (1596–1632), der legendäre »Winterkönig«. Diesen Beinamen erhielt der Kurfürst, da er nur für etwas mehr als ein Jahr König von Böhmen war (1619/20). Sein politisch unkluges Handeln war mitbestimmend für den Ausbruch des Dreißigjährigen Krieges.

Nachdem sich ihre Eltern getrennt hatten, verbrachte Liselotte ab 1659 einige Jahre bei der jüngsten Schwester ihres Vaters. Prinzessin Sophie (1630–1714) war verheiratet mit Ernst August Herzog von Braunschweig-Lüneburg (1629–1698). Das Paar lebte zunächst in Hannover, dann auf Schloss Iburg, wo Liselotte unbeschwerte Jahre verbrachte, bis sie 1663 wieder an den Hof ihres Vaters nach Heidelberg kam. Erzogen im calvinistisch-reformierten Glauben, konvertierte sie 1671 zum Katholizismus, da sie mit Herzog Philippe I. von Orléans (1640–1701), dem Bruder des französischen Königs Ludwig XIV. (1638–1715), verheiratet wurde.

Trotz der kulturellen Möglichkeiten fühlte sich Liselotte am prunkvollen Hof von Versailles nur bedingt wohl, was auch an ihrem homosexuellen Mann lag. Nachdem die beiden drei Kinder miteinander gezeugt hatten, gingen sie getrennte Wege, wobei die gebildete Pfälzerin die Gunst ihres Schwagers, des Königs, genoss, der sie schätzte und bei Hofe gebührend behandelte. Rund 60 000 Briefe soll sie verfasst haben, in denen sie über ihren Alltag im Umfeld des »Sonnenkönigs« berichtete. Dank ihrer unbändigen Mitteilsamkeit bieten diese Briefe einen authentischen Einblick in den absolutistischen Hofstaat, der von Festlichkeiten, Verschwendungssucht und Intrigen geprägt war.

Nachdem Liselottes Bruder Karl II., Kurfürst der Pfalz (1651–1685), verstorben war, nahm ihr Schwager Erbstreitigkeiten zum Vorwand und ließ ab 1688 Truppen in Südwestdeutschland einmarschieren. Dieser Pfälzische Erbfolgekrieg, der weite Teile der Kurpfalz zerstörte, dauerte bis 1697. Liselotte musste dem Geschehen voller Verzweiflung zusehen. Nach dem Tod ihres Mannes und später ihres Schwagers erlebte sie frohere Tage. Als Stammmutter des Hauses Orléans war sie Vorfahrin einiger europäischer Könige. Liselotte starb im Dezember 1722.

Elisabeth Charlotte, genannt Liselotte von der Pfalz.

1689

Der Pfälzische Erbfolgekrieg

Alle Kriege sind unnötig, sie werden aus nichtigem Anlass begonnen, sind ein Spielfeld der Machthaber und zerstören Menschenleben, Natur, teils jahrhundertealte Bauten und Kultur. Kriege bedeuten Tod, Hunger, Leid, Verlust von Heimat. So war es auch im Pfälzischen Erbfolgekrieg, der eng mit Liselotte von der Pfalz verbunden ist.

Nachdem ihr Bruder Kurfürst Karl II. 1685 kinderlos verstorben war, ließ der Bruder ihres Mannes, der französische König Ludwig XIV., unter dem Vorwand von Erbstreitigkeiten ab 1688 die Kurpfalz und weitere Gebiete im deutschen Südwesten militärisch angreifen. Er ignorierte, dass Liselotte von der Erbfolge in der Kurpfalz ausgeschlossen war. Der neun Jahre dauernde Pfälzische Erbfolgekrieg brachte vor allem der Kurpfalz große Zerstörungen.

Zwar bildete sich mit der »Augsburger Allianz« ein Defensivbündnis, in dem England, die Niederlande und Spanien das Heilige Römische Reich Deutscher Nation gegen Frankreich unterstützten, doch eine effektive Gegenwehr gab es kaum, da die deutschen Heere unter Kaiser Leopold I. (1640–1705) während der Türkenkriege (1683–1699) in Südosteuropa gebunden waren. Im Herbst 1688 eroberten und zerstörten die französischen Truppen zunächst die Festungen Mannheim und Frankenthal, es folgten Zerstörungen in Mainz und Heidelberg. Auch Städte wie Oppenheim, Worms oder Germersheim brannten fast vollständig nieder, zerstört wurden ebenso zahlreiche Burgen beiderseits von Rhein und Neckar. Infolge der Zerstörungswut war der Speyerer Dom nur noch ein Trümmerhaufen, und seitdem ist das Heidelberger Schloss eine Ruine. Für Frankreich sollte das Land am Oberrhein kein gegnerisches Aufmarschgebiet mehr sein.

Ludwig XIV. erreichte sein Ziel, den gesamten Rheinverlauf zur Grenze seines Landes im Osten zu machen, nur teilweise am Oberrhein. Seit diesem Krieg, der sich schnell zu einem europäischen Konflikt ausgeweitet hatte, gehörten Straßburg und das Elsass zu Frankreich. Der Pfälzische Erbfolgekrieg wurde der Beginn der deutsch französischen Erbfeindschaft. Der Tod von Kurfürst Karl II. bedeutete auch das Ende der reformierten Herrscherlinie in der Kurpfalz. Neuer Kurfürst wurde der katholische Philipp Wilhelm (1615–1690) aus der Herrschaft Pfalz-Neuburg. Unter seinem Sohn, Kurfürst Johann Wilhelm (1658–1716), endete mit dem Frieden von Rijswijk (1697) der Pfälzische Erbfolgekrieg. Von französischen Truppen besetzte Gebiete wurden an die Kurpfalz zurückgegeben unter der Bedingung, dass die Rekatholisierung der Pfalz nicht rückgängig gemacht würde.

▲ Das Auerbacher Schloss bei Bensheim ist seit 1693 eine Ruine. ▼ Auch die Burg Landskron bei Oppenheim wurde im Pfälzischen Erbfolgekrieg zerstört.

1720

Das Mannheimer Schloss

In Mannheim stand einst eines der prachtvollsten Schlösser Europas, bis es am Ende des Zweiten Weltkrieges so stark zerstört wurde, dass es beinah komplett abgerissen worden wäre. Bauherr der Anlage am Rhein war Kurfürst Carl Philipp (1661–1742), der seine Residenz 1720 von Heidelberg nach Mannheim verlegte.

Der Anlass für den Ortswechsel war aus heutiger Sicht eher eine Petitesse. Bevor Carl Philipp Nachfolger seines Bruders Johann Wilhelm wurde, hatte er ein abenteuerliches Leben geführt. In jungen Jahren war er Domherr in Köln, Salzburg, Mainz und Malteserritter, von 1691 bis 1694 nahm er an den Türkenkriegen teil, zuletzt als Generalfeldmarschall, schließlich war er Statthalter der ober- und vorderösterreichischen Lande in Innsbruck. Seit 1718 in Heidelberg, geriet der katholische Herrscher schnell in Konflikt mit den Protestanten der Stadt, da er beabsichtigte, den Heidelberger Katechismus zu verbieten und die Heiliggeistkirche ausschließlich den Katholiken zu überlassen.

Der Heidelberger Katechismus von 1563 war die Bekenntnisschrift der reformierten kurpfälzischen Landeskirche, und die 1515 vollendete Heiliggeistkirche war seit 1410 Grablege der Kurfürsten. Mit der Einführung des protestantischen Glaubens in der Kurpfalz unter Kurfürst Ottheinrich (1502–1555) wurde die Heiliggeistkirche evangelische Pfarrkirche, kurze Zeit später, als sein Nachfolger Kurfürst Friedrich (1515–1576) den Calvinismus einführte, stand sie der reformierten Gemeinde zur Verfügung. Ab 1705 war sie eine Simultankirche, das heißt, sie wurde geteilt und in ihr wurden auch katholische Gottesdienste gefeiert. Dass Carl Philipp 1719 beabsichtigte, die Protestanten aus der Kirche zu vertreiben, führte zu Aufsehen im ganzen Reich. Aus Verärgerung darüber zog er im April 1720 mit seinem Hofstaat nach Mannheim und ließ dort am 2. Juli desselben Jahres den Grundstein des heutigen Schlosses legen.

Die Weihe des Ecksteins der Hofkapelle (heutige Schlosskirche) nahm der Wormser Weihbischof Johann Baptist Gegg (1664–1730) vor. Der dreiflügelige Neubau wurde errichtet, wo das im Pfälzischen Erbfolgekrieg (1688–1697) zerstörte Schloss des Kurfürsten Karl Ludwig (1617–1680) gestanden hatte, also zwischen dem Rhein und der Innenstadt. Im Lauf der Jahrzehnte entstand ein drei- und viergeschossiger Prachtbau, der nur unwesentlich kleiner war als das Schloss Versailles, die Residenz der französischen Könige, aber ein Fenster mehr hatte. Damit sollte Carl Philipps Stellung als bedeutender Herrscher des Heiligen Römischen Reichs betont werden. Während der jahrelangen Bauphase wohnte der Regent in einem nahe gelegenen Palais oder in den Sommermonaten im Schwetzinger Schloss.

▲ Das Mannheimer Schloss um 1910. ▼ Blick von der Bismarckstraße in den Schlossinnenhof.

Mannheim. Schloss mit Kaiser Wilhelm Denkmal.

Das prachtvollste Fest, das je im Mannheimer Schloss stattfand, war die Doppelhochzeit vom 17. Januar 1742: Der junge Karl Theodor (1724–1799), designierter Nachfolger Carl Philipps, heiratete seine Cousine Elisabeth Augusta (1721–1794), eine Enkelin des Schlossherrn. Zugleich heiratete Maria Anna (1722–1790), jüngere Schwester von Elisabeth Augusta, den Wittelsbacher Herzog Clemens Franz von Bayern (1722–1790). Verbunden mit dieser Doppelhochzeit war die Eröffnung des Hofopernhauses. Ein Höhenfeuerwerk und ein freier Weinausschank im Ehrenhof galten der Mannheimer Bevölkerung.

Ein weiterer Bauabschnitt erfolgte dann unter Kurfürst Karl Theodor, der mit dem Ausbau des Ostflügels der kurpfälzischen Hofbibliothek eine angemessene Unterkunft bescherte. Das zweitgrößte Barockschloss Europas beeindruckt seitdem mit einer Länge von 450 Metern. Sogar im fernen Brandenburg rühmte Friedrich der Große (1712–1786) die imposante Architektur und die kostbare Innenausstattung. Für ihn war der Mannheimer Bau gleichrangig mit anderen Barockschlössern, »die zwar nicht denen von Athen und Rom vergleichbar sind, aber doch die gotische Baukunst unserer Vorfahren übertreffen«.

Mit der Übersiedlung Karl Theodors nach München (1778) verlor das Schloss an Bedeutung. Herrschaftlichen Glanz sah es erst wieder Mitte des 19. Jahrhunderts, als es von Großherzogin Stephanie von Baden (1789–1860) bewohnt wurde. Nach deren Tod waren hier jahrzehntelang Behörden (unter anderem Rheinschifffahrtskommission, Badisches Oberhofgericht, Land- und Amtsgericht) untergebracht, seit 1955 fungiert das Schloss als Ort der Wissenschaft und Lehre. Angesichts des heutigen Aussehens ist kaum zu glauben, wie sehr der Schlosskomplex 1944 zerstört war (nur eines der 500 Zimmer blieb unbeschädigt) und dass es ernsthaft Überlegungen gab, die Ruine abzureißen, um zur Linderung der Wohnungsnot ein »Gemeinschaftshaus« für 1200 Menschen zu bauen. Doch ab 1947 fand der Wiederaufbau statt, die letzte große Sanierung mit originalgetreuen Rekonstruktionen im Mittelbau (mit Schlossmuseum) erfolgte zum Stadtjubiläum 2007.

Die Mannheimer Universität ging 1967 aus der Staatlichen Wirtschaftshochschule hervor, deren Vorläufer die 1907 gegründete Handelshochschule war. 1933 durch die Nationalsozialisten geschlossen, 1946 wiedergegründet, bezog die Hochschule ab 1955 Räume im wiederaufgebauten Schloss. Die Unibibliothek verfügt über mehr als 2,2 Millionen Medien und steht wie den Studierenden auch der Bevölkerung zur Verfügung. Zum Schloss gehören weiter die Schlosskirche, seit 1874 Pfarrkirche der alt-katholischen Gemeinde, und der durch den Eisenbahnbau stark reduzierte Schlossgarten.

Die Schlosskirche (rechts).

1755

Frankenthal, die dritte Hauptstadt

Frankenthal gehört zu den unterschätzten Städten der Pfalz. Das liegt vor allem daran, dass die heute rund 50 000 Einwohner große Stadt am Ende des Zweiten Weltkrieges schwer zerstört wurde und daher über wenig historische Bausubstanz verfügt. Tatsächlich aber war sie zeitweise einer der bedeutendsten Orte der Kurpfalz und galt, nach Heidelberg und Mannheim, als die dritte Hauptstadt.

Das Stadtrecht erhielt Frankenthal 1577. An die Blütezeit im 18. Jahrhundert erinnern das Wormser Tor und das Speyrer Tor, einst Bauten der barocken Stadtbefestigung (1770/73). Zahlreiche hier ansässige Manufakturen belieferten den Mannheimer Hof, so die Porzellanmanufaktur, die feines Porzellan herstellte, das zu seiner Zeit mit dem »weißen Gold« aus dem sächsischen Meißen konkurrieren konnte.

1755 hatte sich der aus Straßburg stammende Porzellanfabrikant Paul Hannong (um 1700 bis 1760) in Frankenthal niedergelassen und in der leer stehenden Dragonerkaserne eine Manufaktur eingerichtet. Kurfürst Karl Theodor sicherte ihm Steuererleichterungen und eine Monopolstellung in seinem Herrschaftsgebiet zu. Nachdem die Firma sieben Jahre von der Familie Hannong geleitet worden war, ging sie 1762 in kurfürstlichen Besitz über. Von nun an waren die Porzellane auf der Unterseite mit dem Markensignet »CT« (für Carl Theodor) und dem Kurfürstenhut versehen. In ihrer Glanzzeit beschäftigte die Manufaktur rund hundert Arbeiter.

Als Karl Theodor 1778 seine Residenz von Mannheim nach München verlegte, endete nicht nur die kulturelle Blüte in der Pfalz, auch die Manufakturen, bislang ein wichtiger Wirtschaftsfaktor für die gesamte Region, erlitten einen Bedeutungsverlust. Bereits 1799 endete die Porzellanherstellung in der Vorderpfalz. Johann Nepomuk van Recum (1753–1801), ab 1795 letzter Inhaber des Frankenthaler Betriebes, gründete stattdessen 1801 in Grünstadt eine Steingutfabrik, die bis 1980 bestand. Ein Großteil der Frankenthaler Formen gelangte nach München, wo sie in der Nymphenburger Porzellanmanufaktur weiterhin Verwendung fanden.

Heute zählen die Werke aus Frankenthal (Speiseservices, Tafelaufsätze, Figuren, Duftgefäße und anderes) zu den qualitätsvollsten Porzellanen, die je in Deutschland hergestellt wurden. Zu bewundern sind die edlen Stücke beispielsweise im Historischen Museum der Pfalz in Speyer, in den Reiss-Engelhorn-Museen in Mannheim, im Heylshof Worms, im Kurpfälzischen Museum der Stadt Heidelberg, im Deutschen Historischen Museum Berlin, in der Eremitage in St. Petersburg oder im Erkenbert-Museum und im Rathaus der Stadt Frankenthal.

▲ Das Wormser Tor, im Hintergrund die Pfarrkirche St. Dreifaltigkeit.
▼ Das Speyerer Tor im Süden der Stadt.

Frankenthal.
Wormser Tor.

Frankenthal
Am Speyerer Tor

KAROLINENGYMNASIUM

Kurfürst Karl Theodor förderte nicht nur die Porzellanmanufaktur, er genehmigte auch das Philanthropin, eine neuartige Bildungseinrichtung in Frankenthal, für die sich sein Geheimrat Joseph Fontanesi (um 1710 bis 1795) eingesetzt hatte. Das »Philanthropin für protestantische junge Frauenzimmer« wurde 1780 und damit ein Jahr vor ihrem Tod von Louise L'Ecuyer aus Neuchâtel (Schweiz) gegründet. Während in größeren Städten Lateinschulen für Jungen existierten, war eine höhere Bildung für Mädchen ungewöhnlich. Die Frankenthaler Institution spielte eine Vorreiterrolle. Die Stadt stellte ein Gebäude zur Verfügung, zu den Dozenten gehörten der ortsansässige Porzellanmaler Bernhard Magnus (um 1745 bis 1798) als Zeichenmeister und der in Mannheim tätige und 1820 verstorbene Sänger und Cellist Giuseppe Bonasegla als Musikmeister. 1782 erfolgten die erste Umbenennung in »Churfürstlich privilegiertes Philanthropin für protestantische junge Frauenzimmer« und die staatliche Anerkennung. Damit gilt das heutige Karolinengymnasium, das sich als Nachfolgerin des Philanthropin versteht, als älteste höhere Mädchenschule Deutschlands.

Während der französischen Besatzungszeit um 1800 blieb das Institut geschlossen. Der Stadtrat bemühte sich 1818 um eine Wiedereröffnung und wandte sich an die bayerische Regierung in München mit der Bitte um Genehmigung des »Instituts für weibliche Erziehung zu Frankenthal«. Dem Gesuch war ein besonderes Anliegen angefügt: Die Einrichtung sollte sich Karolinen-Schule nennen dürfen. Die Zulassung kam, und so wurde die bayerische Landesmutter »Patentante« einer Schule in der Vorderpfalz. Die Schule, die mit noch mehrfach geändertem Namen wechselnde Standorte hatte, ist seit 1968 zum Gymnasium erweitert (damit konnten die Mädchen an ihrer Schule das Abitur ablegen), seit 1971 werden hier auch Jungen unterrichtet.

Die Namensgeberin, 1776 in Karlsruhe als Prinzessin Karoline Friederike Wilhelmine von Baden geboren, hatte 1797 den verwitweten Maximilian Joseph, Herzog von Pfalz-Zweibrücken (1756–1825), geheiratet, der die Nachfolge von Kurfürst Karl Theodor in München antrat. Als Bayern 1806 durch Napoleon zum Königreich erhoben wurde, war Maximilian Joseph der erste bayerische König und seine Frau Karoline die erste bayerische Königin. Sie starb 1841. In Frankenthal erinnert die Karolinenstatue vor dem Karolinengymnasium und mit Blick in die Karolinenstraße an eine fortschrittliche Persönlichkeit, die die Bildung von Mädchen förderte.

▲ Figuren der Frankenthaler Porzellanmanufaktur (um 1780).
▼ Das Karolinengymnasium, älteste Mädchenschule der Kurpfalz.

1764

Die Heidelberger Schlossruine

Das Heidelberger Schloss ist nicht nur das Wahrzeichen der Stadt, sondern auch eine der beliebtesten Sehenswürdigkeiten Europas, und das, obwohl es sich bei der mächtigen Anlage um eine Ruine handelt. Gerade dieser Zustand macht den Charme des viel besuchten Bauwerks aus.

Die ältesten noch heute sichtbaren Teile des Schlosses stammen aus der Zeit von Kurfürst Ruprecht III., unter dem es Anfang des 15. Jahrhunderts zu einer Festung ausgebaut wurde. Doch bereits Ende des 12. Jahrhunderts gab es hier eine Burg, als Konrad der Staufer (um 1135 bis 1195), Pfalzgraf bei Rhein, seinen Sitz von Bacharach am Mittelrhein an den Neckar verlegte und die Stadt Heidelberg gründete. Im Lauf der Jahrhunderte setzte jeder Regent eigene Akzente, indem er das Schloss veränderte oder erweiterte.

An die jeweiligen Bauherren und Herrscher erinnern einzelne Gebäude: Der Ruprechtsbau ist benannt nach Ruprecht III., der auch römisch-deutscher König war und dem zu Ehren sein Nachfolger Kurfürst Ludwig III. (1378–1436) den Bau um 1430 errichten ließ. Es folgten der Ludwigsbau (1524), die Wohnung Ludwigs V. (1478–1544), und der Ottheinrichsbau, unter Ottheinrich (1502–1559) entstanden und heute als Ruine eine romantische Kulisse. Mit seiner repräsentativen Fassade ist der Friedrichsbau der Prachtbau des Schlosses und das einzige Gebäude, das um 1890 im Stil des Historismus wieder aufgebaut wurde. Benannt ist es nach Friedrich IV., dem Stadtgründer Mannheims. Eine faszinierende Ruine ist auch der Englische Bau, unter Friedrich V. errichtet und nach dessen Ehefrau, der englischen Prinzessin Elisabeth Stuart (1596–1662), so bezeichnet. Zum Ensemble gehören ferner der Bibliotheks- und der Frauenzimmerbau, der Dicke Turm sowie Gefängnis-, Tor-, Pulver- und Glockenturm.

Im 17. Jahrhundert war das Heidelberger Schloss eine der schönsten und größten Schlossanlagen Deutschlands, bis es im März 1689 während des Pfälzischen Erbfolgekrieges planvoll zerstört wurde. Nur stellenweise instandgesetzt, verlor es an Bedeutung, als Carl Philipp 1720 seine Residenz nach Mannheim verlegte. Schließlich zerstörte ein Blitz im Juni 1764 die noch bewohnbaren Teile des Schlosses. Ende des 18. Jahrhunderts diente die Ruine jahrelang als Steinbruch. Die badische Regierung, seit 1803 Eigentümer der Anlage, beabsichtigte sogar, die Reste zu beseitigen. Eine Wertschätzung erfuhr die Schlossruine durch die Romantiker. Der englische Maler William Turner (1775–1851) fertigte mehrere Gemälde, die das Schloss europaweit bekannt machten. Voller Begeisterung schwärmten Friedrich Hölderlin (1770–1843), Clemens Brentano (1778–1842) oder Mark Twain (1835–1910) von der romantischen Anlage.

▲ Heidelberg: alte Brücke und Schloss. ▼ Der Ottheinrichsbau des Schlosses.

Heidelberg – Die alte Brücke und das Schloss.

1778

Karl Theodor geht nach München

Karl Theodor (1724–1799) war nicht nur einer der wirkungsvollsten Kurfürsten, zunächst am Oberrhein, dann in München, sondern darüber hinaus einer der bedeutendsten Regenten seiner Zeit. Mit seinem Wechsel nach Bayern endete die pfälzische Kurwürde.

Geboren auf Schloss Drogenbusch bei Brüssel als Sohn von Herzog Johann Christian von Pfalz-Sulzbach (1700–1733) und dessen Frau Marie Anne (1708–1728), entstammte er der wittelsbachischen Nebenlinie Pfalz-Sulzbach. Als Zehnjähriger kam Karl Theodor 1734 an den Mannheimer Hof zu Kurfürst Carl Philipp, einem entfernten Onkel, der keine männlichen Nachkommen hatte und ihn daher zum künftigen Thronerben erziehen ließ. Auch arrangierte dieser die Hochzeit zwischen seiner Enkelin Elisabeth Augusta (1721–1794) und dem jungen Karl Theodor im Januar 1742. Im selben Jahr starb Carl Philipp, neuer Regent wurde Karl Theodor. Er und seine Frau lebten im Luxus, es mangelte ihnen an nichts – nur an gegenseitiger Zuneigung. 19 Jahre nach der Hochzeit kam der ersehnte Stammhalter auf die Welt, doch er verstarb nach wenigen Stunden; danach gingen beide ihre eigenen Wege.

Ganz im Sinn der Aufklärung entwickelte sich die Kurpfalz unter Karl Theodor zu einem kulturellen Zentrum am Oberrhein. In diesen Jahren entstanden zahlreiche prachtvolle Barockbauten, Mannheim galt als schönste Stadt Deutschlands. An die ruhmreiche Epoche erinnern neben dem Schloss die Jesuitenkirche (1760) und die Sternwarte (1774). Der Kurfürst schmückte seine Residenz mit einem wahren Musenhof von europäischem Rang. Höchste Bewunderung wurde seinen Hofmusikern zuteil, die als »Mannheimer Schule« in die Musikgeschichte eingingen. Wie gern wäre Wolfgang Amadeus Mozart (1756–1791) Hofmusiker geworden, doch der Herrscher lehnte seine Bewerbung ab. Karl Theodor war auch ein Förderer der Wissenschaften, der Wirtschaft und des Sozialwesens (Gründung der Akademie der Wissenschaften, Sammlung antiker Skulpturen, Ausbau der Frankenthaler Porzellanmanufaktur, Gründung einer Hebammenschule).

Diese Blütezeit der Kurpfalz endete jäh 1778, als Karl Theodor gemäß verschiedener Hausverträge nach dem Tod des kinderlosen Kurfürsten Max III. Joseph von Bayern (1727–1777) nach München übersiedeln und dort die Regentschaft übernehmen musste. Seine Regierungszeit in Bayern wird als glücklos angesehen. Fortan war zwar die pfälzische Kurwürde erloschen, doch der neue Doppelstaat Pfalz-Bayern war nun der drittgrößte Länderkomplex innerhalb des Reiches.

Kurfürst Karl Theodor.

1779

Tabakmanufaktur Leimen

Als im Juli 1985 Boris Becker (geboren 1967) als erster Deutscher und bis heute jüngster Spieler das Finale der Wimbledon Championship gewann, wurde nicht nur Tennis als Massensport in Deutschland populär, auch Beckers Geburtsstadt Leimen wurde deutschlandweit bekannt. Die heute rund 27 000 Einwohner zählende Große Kreisstadt besitzt seit 1981 das Stadtrecht, nachdem sich Leimen seit dem Ende des 18. Jahrhunderts und dank einer 1779 gegründeten Tabakmanufaktur wirtschaftlich entwickelt hat.

Erstmals 791 im Lorscher Codex als Leimheim erwähnt, gehörte der Ort von 1351 bis zu ihrer Auflösung zur Kurpfalz. Im Pfälzischen Erbfolgekrieg wurde die Gemeinde komplett zerstört. Was später der Tabakanbau für die Region bedeutete, zeigt anschaulich das 1982 eröffnete Tabakmuseum in Hockenheim. In Leimen war es der geschäftstüchtige Aron Elias Seligmann, der den Zeitgeist erkannte und mit seinem Unternehmen nicht nur zu beträchtlichem Wohlstand kam, sondern auch eine außergewöhnliche Karriere machte. Der hier 1747 geborene Seligmann, Sohn eines Obergeldeinnehmers der pfälzischen Juden, war ein sogenannter Hofjude, das heißt, er war Finanzier des Kurfürsten Karl Theodor. Dieser hatte ihm ein Privileg zur Gründung einer Tabakmanufaktur in Leimen mit Monopolstellung für die ganze Pfalz verliehen.

Ursprünglich stammte die Tabakpflanze aus Nord- und Südamerika. Erste Anbauversuche hatte es 1598 unter Kurfürst Friedrich IV. gegeben. Soldaten im Dreißigjährigen Krieg machten dann das Rauchen populär. Gegen Ende des 17. Jahrhunderts entwickelte sich die Kurpfalz zum Hauptanbaugebiet von Tabak in Deutschland, und die Tabakspfeife wurde zu einem alltäglichen Gebrauchsgegenstand. Als billige Arbeitskräfte, nach Stückzahl entlohnt, boten sich gerade auf dem Land Frauen und Jugendliche an. War vor allem für die Männer Tabak eine Genussdroge, so bescherte der Tabakhandel den Regenten Steuereinnahmen.

Seligmann verstand es, seine Stellung bei Hof auszubauen. Er erhielt zusätzlich das Monopol für die Salzgewinnung und wechselte mit Karl Theodor nach München, wo er 1799 das Bürgerrecht erhielt und 1814 sogar in den bayerischen Freiherrnstand erhoben wurde. Sein Unternehmen in Leimen behielt er bei; 1795 hatte er eine Schnupftabaksmühle eröffnet und die Tabakproduktion erweitert. Aus den Abfällen der Zigarrenherstellung entstanden die Zigaretten – von Arbeiterinnen der Manufaktur in Papier eingewickelte Tabakreste. An Aron Elias Seligmann, der als Freiherr von Eichthal am 11. Januar 1824 in München starb, erinnert noch heute ein eindrucksvolles Gebäude in Leimen: das Palais Seligmann– das heutige Rathaus der Stadt.

▲ Palais Seligmann in Leimen, erbaut zwischen 1794 und 1802. ▼ Tabakanbau bei Rheinzabern in der linksrheinischen Kurpfalz.

Kreuzgasse
6

1782

Friedrich Schiller in Oggersheim

Oggersheim, mit 23 000 Einwohnern größter Stadtteil von Ludwigshafen, ist vor allem als Wohnort des ehemaligen Bundeskanzlers Helmut Kohl (1930–2017) bekannt geworden. Der Ort wurde 769 erstmals urkundlich erwähnt und ist damit rund 1100 Jahre älter als Ludwigshafen. 1323 erwarben die Pfalzgrafen Oggersheim von den Grafen von Leiningen. Zu seinen illustren Bewohnern gehörte auch Friedrich Schiller (1759–1805).

Schiller, seit Anfang 1781 Militärarzt der Herzoglich Württembergischen Armee in Stuttgart, beschäftigte sich lieber mit Literatur als mit kranken Soldaten. Im Januar 1782 wurde am Nationaltheater Mannheim sein Werk »Die Räuber« mit großem Erfolg uraufgeführt. Anlässlich dieser Aufführung hatte sich Schiller unerlaubt aus Stuttgart entfernt, im Mai reiste er erneut ohne Urlaubsbewilligung nach Mannheim. Als Konsequenz verfügte sein Landesherr Herzog Carl Eugen (1728–1793) eine zweiwöchige Inhaftierung und Schreibverbot. Am 22. September verließ Schiller abermals ohne Genehmigung Württemberg. In Mannheim trug er Theaterfreunden sein noch nicht vollendetes Drama »Die Verschwörung des Fiesco von Genua« vor, bevor er Frankfurt besuchte und im Oktober zurück in die Kurpfalz kam. Vom 13. Oktober bis zum 30. November 1782 wohnte er mit seinem Freund, dem Komponisten und Pianisten Andreas Streicher (1761–1833), in Oggersheim.

Im Gasthof »Zum Viehhof« in der Speyerer Straße logierte Schiller als »Dr. Schmidt«, Streicher gab den Tarnnamen »Dr. Wolf« an. Das Leben in Oggersheim war günstiger als in der Residenzstadt auf der anderen Rheinseite und andererseits Mannheim auch schnell erreichbar. Außerdem fühlten sich die beiden Deserteure in dem Landstädtchen sicher vor möglichen Häschern des württembergischen Herzogs. In Oggersheim vollendete Schiller »Die Verschwörung«, die 1783 in Bonn Premiere feierte, und er arbeitete an seinem Drama »Kabale und Liebe«, das 1784 in Frankfurt uraufgeführt wurde. Ende November 1782 verließ der junge Dichter den Ort, in dem damals auch Kurfürstin Elisabeth Auguste (1721–1794), die Frau von Karl Theodor, lebte. 1783 aus Thüringen nach Mannheim zurückgekehrt, um als Theaterdichter eine Stelle bei Intendant Wolfgang Heribert von Dalberg (1750–1806) anzutreten, bezahlte Schiller seine restlichen Schulden in Oggersheim.

Das ehemalige, um 1750 erbaute Wirtshaus übernahm 1956 die Stadt Ludwigshafen, die darin eine Schillergedenkstätte einrichtete. Seitdem finden hier Vorträge, Lesungen und Ausstellungen statt. Bereits seit 1856 erinnert eine Gedenktafel am Haus an Schillers Aufenthalt, anlässlich seines 100. Geburtstages im November 1859 wurde die Speyerer Straße in Schillerstraße umbenannt.

Schillerhaus in Oggersheim.

1784

Johann Jakob Astor erreicht New York

Zu den bedeutendsten Söhnen von Walldorf, bekannt durch sein Autobahnkreuz, gehört Johann Jakob Astor, der erste Multimillionär Amerikas. Er stammte aus ärmsten Verhältnissen und wanderte über London, wo er drei Jahre bei seinem Bruder gelebt und gearbeitet hatte, 1784 in die USA ein.

Viele Autofahrer und Rundfunkhörer kennen das Autobahnkreuz Walldorf im südlichen Rhein-Neckar-Gebiet. Hier treffen die A 5 (von Bad Hersfeld bis Basel) und die A 6 (von Saarbrücken bis zur tschechischen Grenze) aufeinander. Bei rund 185 000 Fahrzeugen täglich entstehen hier häufig Staus, die dann im Radio gemeldet werden. In Walldorf, der heute annähernd 16 000 Einwohner großen Stadt, die bereits im Jahr 770 im Lorscher Codex erstmals beurkundet ist, wurde Johann Jakob Astor 1763 geboren.

In New York betrieb er zunächst einen Musikalienhandel, dann kam er über den Pelzhandel zu einem großen Vermögen, bis er schließlich in den 1830er-Jahren als umstrittener Immobilienspekulant zum reichsten US-Bürger wurde. Bei seinem Tod 1848 in New York City hinterließ er 20 Millionen US-Dollar (nach heutigem Wert rund 110 Milliarden Dollar). Auch in der Ferne hatte der mächtige und einflussreiche Unternehmer seine Heimat nicht vergessen; seinem Geburtsort stiftete er 50 000 US-Dollar zur Errichtung eines Armen- und Waisenhauses. Das noch heute bestehende Astorhaus wurde 1854 in Walldorf eingeweiht und bis 1936 gemäß Stiftungszweck genutzt, heute beherbergt es ein Museum und einen Kindergarten. Großzügig bedachte Astor auch in seiner neuen Heimat zahlreiche kulturelle und wohltätige Einrichtungen.

Johann Jakob Astor gilt als »Stammvater« der Astor-Familie in den USA, auf die unter anderem das Waldorf-Astoria-Hotel zurückgeht. Dieses Luxushotel wurde 1893 in New York von seinem Urenkel William Waldorf Astor (1848–1919) eröffnet; dort wurde auch der Waldorfsalat kreiert. In den USA sind die Städte Astor in Florida, Astoria in Oregon und der New Yorker Stadtteil Astoria nach der Familie benannt. Der größte Sohn Walldorfs war auch Namensgeber für die zwischen 1906 und 1929 bestehende Waldorf-Astoria-Zigarettenfabrik. Emil Molt (1876–1936), der Gründer dieses Stuttgarter Unternehmens, war zugleich Initiator der ersten Waldorfschule, die 1919 in Zusammenarbeit mit Rudolf Steiner (1861–1925) am Firmenstammsitz eröffnet wurde. Heute existieren weltweit mehr als 1200 Waldorfschulen, die auch an die einst kurpfälzische, heute badische Stadt Walldorf und letztlich an den erfolgreichen Auswanderer Johann Jakob Astor erinnern.

Das Astorhaus in Walldorf.

Astor Haus.

Carl Maria von Weber.

C.M. VON WEBER

DER FREISCHÜTZ

ROMANTISCHE OPER IN DREI AUFZÜGEN

KLAVIER=AUSZUG

NACH DEM AUTOGRAPH DER PREUSSISCHEN

STAATSBIBLIOTHEK IN BERLIN

HERAUSGEGEBEN VON

KURT SOLDAN

DAS REVISIONSERGEBNIS IST EIGENTUM DES VERLEGERS

C. F. PETERS · LEIPZIG

10471

1810

Carl Maria von Weber konzertiert

Zu Gast in der Kurpfalz war auch der zu seiner Zeit viel beachtete Komponist, Dirigent und Pianist Carl Maria von Weber (1786–1826). 1810 weilte der aus Eutin stammende Musiker in Mannheim und Heidelberg, wo er das kulturelle Leben mit eigenen Konzerten bereicherte.

Im Sommer desselben Jahres lernte Weber in Heidelberg den Jurastudenten Alexander von Dusch (1789–1876), Sohn eines kurpfälzischen Hofrats, kennen. Beide durchstreiften den Odenwald und lasen im ehemaligen Kloster Neuburg am Neckar bei Heidelberg das gerade erschienene »Gespensterbuch«. In dieser Anthologie von Gruselgeschichten war die erste »Der Freischütz« von August Apel (1771–1861). Möglicherweise inspiriert von der wild-romantischen Wolfsschlucht beim flussaufwärts gelegenen Schloss Zwingenberg entwarf Weber damals ein Opern-Szenarium, das auf dieser Erzählung beruhte. Sieben Jahre später, als königlich-sächsischer Kapellmeister in Dresden, widmete sich der Musiker erneut dem romantischen Stoff, als der Schriftsteller Friedrich Kind (1768–1843) daraus ein Opernlibretto machte. Den Auftakt der Oper, deren Uraufführung 1821 im Schauspielhaus Berlin gefeiert wurde, bilden eine Jagdgesellschaft und auch eine Wolfsschlucht, doch die ist in Böhmen angesiedelt.

Wie auch immer: Das enge Tal mit seinem rauschenden Bach zwischen überhängenden Buntsandsteinfelsen des Odenwalds soll das Vorbild der Opern-Wolfsschlucht gewesen sein. Daher finden auf Schloss Zwingenberg alljährlich seit 1983 die Schlossfestspiele statt, in deren Mittelpunkt die allseits bekannte und beliebte Oper »Der Freischütz« steht. Auch andere Opern, Operetten und Musicals werden hier unter freiem Himmel für jeweils bis zu 800 Zuschauer aufgeführt.

Schon das Schloss selbst ist sehenswert. Die Höhenburg entstand zu Beginn des 14. Jahrhunderts. Wie andere Orte der Region gehörte sie im Lauf ihrer Geschichte mal zur Kurpfalz, mal zum Hochstift Mainz. Bei seiner Übersiedlung nach München 1778 überließ Kurfürst Karl Theodor das Anwesen seinem (unehelichen) Sohn Karl August Graf von Heydeck, später Reichsfürst von Bretzenheim. Mit der territorialen Neuordnung des alten Reiches zu Beginn des 19. Jahrhunderts gelangte die Burg in den Besitz des badischen Großherzogs Karl Friedrich (1728–1811), die zwischen 1820 und 1845 zu einem Schloss ausgebaute imposante Anlage gehört seinen Nachkommen noch heute. Die in die Operngeschichte eingegangene Wolfsschlucht dagegen steht als Teil des Naturparks Neckartal-Odenwald allen naturbegeisterten Wanderern offen.

▲ Carl Maria von Weber. ▼ Burg Zwingenberg am Neckar.

1832

Das Hambacher Fest der Demokratie

Eine gewaltige Menschenmenge bewegte sich im Mai 1832 unter dem Gesang »Hinauf Patrioten, zum Schloss, zum Schloss« und freiheitlichen Liedern wie »Die Gedanken sind frei« zum Hambacher Schloss oberhalb von Neustadt an der Weinstraße. Das Schloss gilt seitdem als herausragender Ort der deutschen Demokratiegeschichte.

Am 27. Mai 1832 sollen rund 30 000 Menschen vom Marktplatz in Neustadt zur sechs Kilometer entfernten Burgruine gezogen sein, um an einer festlichen Volksversammlung teilzunehmen. Schichten- und generationenübergreifend kamen die Männer und Frauen nicht nur aus der Region, sondern aus allen Teilen Deutschlands, sogar aus Frankreich und Polen. Initiiert hatten das Volksfest, als Verfassungsfest getarnt, die beiden Journalisten Philipp Jakob Siebenpfeiffer (1789–1845) und Johann Georg August Wirth (1798–1848). Zu den Gästen gehörten Abgeordnete und bekannte Schriftsteller wie Carl Ludwig Börne (1786–1837) oder Fritz Reuter (1810–1874). In Ansprachen protestierten die Redner gegen die Unterdrückungsmaßnahmen der staatlichen Organe, insbesondere gegen das »System Metternich«; sie forderten ein geeintes und freies Deutschland sowie Volkssouveränität, teilweise sogar die Abschaffung der Monarchie, und Grundrechte wie Meinungs-, Versammlungs- und Pressefreiheit. Auch erklärte sich die Menge solidarisch mit den Freiheitskämpfern in Frankreich und Polen.

Die zahlreichen Besucher stellten Neustadt vor große Probleme; in Schulen und anderen großen Räumen wurden Strohlager eingerichtet, und es wurde für die Verpflegung gesorgt. Erstmals in der deutschen Geschichte führten die Teilnehmer in größerer Anzahl die schwarz-rot-goldene Trikolore mit sich, wobei die Farbreihung damals noch uneinheitlich war. Der junge Johann Philipp Abresch (1804–1861), Landwirt und Stadtrat in Neustadt, Mitunterzeichner des Aufrufs zum Fest, trug als Einziger eine Fahne mit heutiger Farbreihung und der Aufschrift »Deutschlands Wiedergeburt«. Diese Farben waren bereits in den Befreiungskriegen gegen Napoleon (1813/15) und vor allem beim Wartburgfest der Burschenschaften in Eisenach (1817) verwendet worden. Abreschs Fahne kann als Ursprung unserer heutigen Nationalflagge gesehen werden. Sie ist im Museum des Hambacher Schlosses zu besichtigen.

Das Fest dauerte mehrere Tage und fand in der Presse große Resonanz. Doch die geforderten Freiheiten blieben aus, im Gegenteil: Die Organisatoren und Redner des Festes wurden juristisch belangt und die staatlichen Repressionen nahmen zu. Aber das Hambacher Fest gilt als Meilenstein auf dem Weg der deutschen Demokratiebewegung vor der Märzrevolution und der Frankfurter Nationalversammlung 1848/49.

▲ Das Hambacher Schloss, auch Maxburg benannt, stand nach dem Ersten Weltkrieg unter französischer Flagge. ▼ Das Schloss, Gedenkstätte der deutschen Demokratiegeschichte.

Maxburg im Pfälzer Wald

Germersheim a. Rhein, Weißenburger Tor

Zeughaus
51

1834

Die Festung Germersheim

Germersheim, am linken Rheinufer gelegen und heute rund 21 000 Einwohner groß, erhielt 1276 vom römisch-deutschen König Rudolf die Stadtrechte. Seine Blütezeit begann nach den Befreiungskriegen gegen Napoleon als Militärstadt. Auf dem Wiener Kongress 1815 hatten die führenden Regenten des Deutschen Bundes beschlossen, das linke Rheinufer massiv gegen Frankreich auszubauen. Germersheim sollte daher zur Festungsstadt werden.

Das kostspielige Vorhaben wurde zwischen 1834 und 1855 verwirklicht. Der Entwurf des Weißenburger Tores, eines der beiden Stadttore und Wahrzeichen der Stadt, stammt von dem bedeutenden bayerischen Baumeister Friedrich von Gärtner (1791–1847). Insgesamt sollen rund 30 Millionen Steine für die weiträumige Festung verbaut worden sein, zudem wurden unzählige Eichenpfähle in den sumpfigen Untergrund gerammt. Die Minengänge wurden erst 1861 vollendet. Bei Fertigstellung der imposanten Anlage war sie bereits veraltet, ihr symbolischer Wert war höher als der militärische, dennoch galt sie als »Perle der Festungsbaukunst«.

Gemäß dem Versailler Vertrag von 1919 wurde sie unter französischer Besatzung nach dem Ersten Weltkrieg geschleift, das heißt, zahlreiche Bauten wie die »Theobaldkaserne«, die »Zollerkaserne«, das Reduitgebäude oder Wallanlagen für Geschützstellungen wurden beseitigt. Doch geben die noch vorhandenen Bauten einen anschaulichen Eindruck von der ausgeklügelten Anlage. Die über das Stadtgebiet verteilten Militärgebäude der Vergangenheit werden längst friedlich genutzt. So dient die nach dem bayerischen General Maximilian Graf Seyssel d'Aix benannte »Seysselkaserne« mit einer Gebäudefrontlänge von 284 Metern als Außenstelle der Johannes-Gutenberg-Universität Mainz; hier werden Dolmetscher und Übersetzer ausgebildet. Das Protestantische Dekanat residiert in der Festungskommandantur. Im Ludwigstor ist das Museum zur Stadt- und Festungsgeschichte untergebracht, im ehemaligen Offizierskasino, dem heutigen Stadthaus, befindet sich der Ratssaal.

Und im Zeughaus können die Besucher auf eine entdeckungsreiche Zeitreise gehen. In dem trutzigen Bau an der Carnot'schen Mauer befindet sich das Deutsche Straßenmuseum. Auf rund 5000 Quadratmetern Ausstellungsfläche wird das Thema Straße aus verschiedenen Perspektiven beleuchtet. Die Bedeutung von Wegen als Handelsrouten in der Antike ist hier genauso dargestellt wie der Bau und die Geschichte der Autobahn unserer Tage, und der Beruf des Straßenwärters wird ebenso gewürdigt wie der des Architekten, der Brücken oder Tunnel plant.

▲ Festung Germersheim, Weißenburger Tor. ▼ Im ehemaligen Zeughaus der Festung ist das Deutsche Straßenmuseum untergebracht.

1840

Volldampf voraus: die Eisenbahn

Mit der Eröffnung der Badischen Hauptbahn zwischen Mannheim und Heidelberg begann im September 1840 das Eisenbahn-Zeitalter in der Kurpfalz, fünf Jahre nach der ersten deutschen Eisenbahnfahrt zwischen Nürnberg und Fürth.

Die damaligen Endbahnhöfe lagen an den Rändern der Altstädte, in Heidelberg wurde dieser Bahnhof 1955 durch den heutigen, weiter entfernten ersetzt. Die Bahn führte ab 1843 von Heidelberg weiter nach Karlsruhe. 1846 ging die Main-Neckar-Bahn von Frankfurt am Main über Darmstadt und Weinheim nach Heidelberg in Betrieb, ein Gemeinschaftsprojekt der damals noch Freien Stadt Frankfurt und der beiden Großherzogtümer Hessen und Baden, 1862 folgte die Neckartalbahn nach Neckargemünd.

In Mannheim war ein neuer Bahnhof bereits erforderlich, nachdem 1867 die zweigleisige Eisenbahnbrücke nach Ludwigshafen eröffnet und neue Strecken gebaut worden waren. Die Badische und die Preußisch-Hessische Bahn vollendeten ihn 1876 gemeinsam als repräsentativen Durchgangsbahnhof. Nach der Inbetriebnahme der Riedbahn über Biblis nach Frankfurt (1880) wurden die Gleisanlagen erweitert und eine neue Bahnsteighalle errichtet. Im Zweiten Weltkrieg wurde das Empfangsgebäude stark beschädigt, danach in vereinfachter Form wieder aufgebaut. Die letzte große Sanierung erfolgte in den Jahren um 2000. Heute ist der Hauptbahnhof Mannheim, der täglich von etwa 118 000 Reisenden aufgesucht wird und in dem rund 240 Fernzüge sowie mehr als 400 Regionalbahnen verkehren, der wichtigste Verkehrsknotenpunkt Südwestdeutschlands.

Die Eisenbahn war ein Wegbereiter der Industrialisierung. Die Bahnhöfe erfüllten wichtige Funktionen, sie waren Orte der Ankunft und des Abschieds, Treffpunkte. Sie dienten nicht nur dem Personenverkehr, sondern waren in Zeiten, als es noch keine Lkw und keinen Versandhandel gab, für den Güter- und Waren- sowie Viehtransport wichtig. In allen Orten mit einem Bahnanschluss kam es schnell zu einem Bevölkerungsanstieg.

Auch die linksrheinische Kurpfalz profitierte früh von der Eisenbahn: Die Pfälzische Ludwigsbahn eröffnete 1847 die Strecke zwischen Neustadt und der Mannheim gegenüber gelegenen Rheinschanze. Dort entstand der erste Bahnhof von Ludwigshafen, das erst 1853 als Gemeinde gegründet und sechs Jahre später zur Stadt erhoben wurde. Die Weiterführung der Strecke von Neustadt über Kaiserslautern nach Bexbach bei Homburg, das damals zur Pfalz gehörte, erfolgte bis 1849. Danach wurden die Strecken von Ludwigshafen über Frankenthal und Worms nach Mainz (1853) und von Neustadt über Landau nach Weißenburg im Elsass (1855) in Betrieb genommen.

▲ Der Heidelberger Bahnhof um 1930. ▼ Das 1877 eröffnete Empfangsgebäude des Bahnhofs von Landau (1945 zerstört).

Landau Hauptbahnhof

FRIEDRICH EBERT

G. G. GERVINUS
GEB. XX MAI MDCCCV
UND
SEINE GATTIN
VICTORIE GEB. SCHELVER

1844

Der Heidelberger Bergfriedhof

Mit der Eröffnung im Jahr 1844 löste der neue Bergfriedhof als erste kommunale Begräbnisstätte Heidelbergs die bisherigen konfessionellen Friedhöfe ab. Im Lauf der Jahrzehnte wurden auf dem rund 15 Hektar großen Gelände mit inzwischen altem Baumbestand (hochgewachsene Lebensbäume, Scheinzypressen, Eichen, Buchen) mehr als 17 500 Grabstellen angelegt.

Kulturgeschichtliche Schätze sind die denkmalgeschützten Grabstätten aus der zweiten Hälfte des 19. Jahrhunderts und dem ersten Viertel des 20. Jahrhunderts. Sie sind aus verschiedenem Material, sehr unterschiedlich in der Formensprache (Pyramiden, Säulen, Grabaltäre, Grabkreuze) und haben zahlreiche Verzierungen und Symbole. Efeu, Eichenblätter und Rosen stehen für Unsterblichkeit, Sieg (über den Tod), Liebe. Zierleisten, Kränze, Schalen mit Früchten und Blumen gehören zum filigranen Schmuckwerk der Denkmäler. Wer schon zu Lebzeiten privilegiert war, dem sollte auch nach dem Tod größere Aufmerksamkeit gelten.

Der Weg zwischen der schon 1842 errichteten Friedhofskapelle und dem Krematorium wird Professorenweg genannt, liegen hier doch viele Persönlichkeiten der Universität. Zu diesen überregional bekannten Gelehrten gehören der Jurist Carl Theodor Welcker (1790–1869), der Historiker Georg Gottfried Gervinus (1805–1871), die Chemiker Robert Wilhelm Bunsen (1811–1899) und Carl Bosch (1874–1940), der Soziologe Max Weber (1864–1920) und seine Frau, die Frauenrechtlerin Marianne Weber (1870–1954), sowie der Theologe Martin Dibelius (1883–1947). Doch es überrascht, dass die Grabstellen zahlreicher Prominenter eher schlicht gestaltet sind, etwa bei dem Dirigenten Wilhelm Furtwängler (1886–1954), dem Erfinder Felix Wankel (1902–1988) oder der Schriftstellerin Hilde Domin (1909–2006). Ebenfalls bescheiden wirkt die Gedenkstätte für den SPD-Politiker Friedrich Ebert, der 1871 in Heidelberg als Sohn eines Schneiders geboren wurde, von 1919 bis zu seinem Tod 1925 erster Reichspräsident der Weimarer Republik war und sich in seiner Heimatstadt beerdigen ließ. Ein »Prachtbau« im Stil eines antiken Tempels ist dagegen das bereits 1891 eröffnete Krematorium, das zweitälteste Deutschlands.

Mit der Ansammlung prominenter Namen und der Vielgestaltigkeit der Grabstätten, dazu den Denkmälern für die Opfer und Teilnehmer des Deutsch-Französischen Krieges von 1870/71 und für die Opfer des Nationalsozialismus, dem Columbarium und dem angegliederten Jüdischen Friedhof gleicht die idyllisch angelegte Begräbnisstätte einem Geschichtsbuch; auf dem parkähnlichen Gelände spiegeln sich rund 180 Jahre Kultur- und Sozialgeschichte wider.

▲ Das Krematorium des Heidelberger Bergfriedhofs. ◀ Grabstätte von Reichspräsident Friedrich Ebert. ▶ Grabmal des Historikers Georg Gottfried Gervinus.

1846

Die Fruchthalle in Kaiserslautern

Einer der bedeutenden Profanbauten im linksrheinischen Gebiet der Kurpfalz ist die 1846 vollendete Fruchthalle in Kaiserslautern. Die mit rund 100 000 Einwohnern fünftgrößte Stadt in Rheinland-Pfalz wird auch Barbarossastadt bezeichnet, weil hier 1152 Kaiser Friedrich Barbarossa eine Pfalz errichten ließ.

Große Teile der Stadt sind 1944/45 bei mehreren alliierten Luftangriffen stark zerstört worden, daher mangelt es Kaiserslautern an historischer Bausubstanz. Immerhin hat mit der Fruchthalle ein repräsentativer Bau aus der Mitte des 19. Jahrhunderts überlebt. Das lang gestreckte, dreigeschossige Gebäude im Stil der Neorenaissance steht im Zentrum der Stadt. Sein Architekt war der bayerische Baubeamte August Voit (1801–1870), der zuvor schon mehrere Kirchen und Synagogen in der Pfalz entworfen hatte, auch wirkte er maßgeblich am Wiederaufbau des Hambacher Schlosses zur Maxburg (1844–46) mit. Später plante Voit das Rathaus von Annweiler und die Lutherkirche in Ludwigshafen. Vorbild des Gebäudes war der Palazzo Medici aus der Zeit um 1450 in Florenz. Bemerkenswert an dem Bau sind die unterschiedlichen Fensterformen, die Fassade wird durch zahlreiche Sandsteinbänder aufgelockert.

Im Erdgeschoss des imposanten Gebäudes wurde bereits im Oktober 1845 eine Markthalle eröffnet, die das Marktgeschehen bei schlechtem Wetter gewährleisten sollte; diese Nutzung endete 1910. Im Obergeschoss war von Anfang an ein Festsaal für Konzerte, Vorträge, Tagungen vorgesehen. 1891 umgebaut, erstreckt er sich über zwei Stockwerke. Zur aufwendigen Innenausstattung gehören die tonnengewölbte Kassettendecke, eine umlaufende Galerie sowie plastischer Schmuck. Den Grundstein des Baus legte der bayerische König Ludwig I. (1786–1868) persönlich am 13. Juni 1843. Ihm gefiel das Gebäude so gut, dass er 1847 Voit zum Oberbaurat der königlichen Baubehörde in München ernannte, sein Nachfolger König Maximilian II. (1811–1864) nobilitierte den Architekten 1852.

Während der Revolution von 1848/49 fanden in der Fruchthalle Volksversammlungen statt, im Mai und Juni 1849 tagte in den Räumen die pfälzische Revolutionsregierung, die die Loslösung der Pfalz von Bayern propagierte. In späteren Zeiten diente das Gebäude als Lazarett und als Ausstellungshalle. Ein besonderes Ereignis fand hier am 14. August 1913 statt: Bertha von Suttner (1843–1914), die 1905 als erste Frau mit dem Friedensnobelpreis ausgezeichnet worden war, referierte während ihrer Vortragsreise über die »Friedensbewegung in Amerika«. Die Fruchthalle gilt als schönster Profanbau der Pfalz, der prachtvolle Festsaal ist die »gute Stube« von Kaiserslautern und dient bis heute seinem ursprünglichen Zweck.

Die Fruchthalle in Kaiserslautern.

Bombardement von Ludwigshafen
am 15. Juni 1849.

1848

Die Heidelberger Versammlung

Die wichtigsten Schauplätze der »48er-Revolution« lagen in Berlin, Wien und Rastatt, doch auch in der Kurpfalz wurde für die Volkssouveränität und die Einheit Deutschlands gekämpft. Als Meilenstein auf dem Weg zur Frankfurter Nationalversammlung (Mai 1848 bis Mai 1849), dem ersten gesamtdeutschen Parlament, gilt die Heidelberger Versammlung im März 1848.

Ausgangspunkt der Märzrevolution waren die französischen Unruhen im Februar, die zur Abdankung des Königs und zur Ausrufung der Republik führten. Auch in vielen deutschen Städten kam es zu Volksversammlungen und Straßenkämpfen. Am 5. März 1848 trafen sich 51 Politiker aus Südwestdeutschland im »Badischen Hof«, dem damals vornehmsten Hotel in Heidelberg. Zu dem politischen Austausch eingeladen hatte Johann Adam von Itzstein (1775–1855), Wortführer der süddeutschen Liberalen, der sich seit Jahren für die Pressefreiheit einsetzte. Teilnehmer waren der Heidelberger Geschichtsprofessor Georg Gottfried Gervinus (1805–1871), der Mannheimer Unternehmer und Verleger Friedrich Daniel Bassermann (1811–1855), der Jurist Friedrich Hecker (1811–1881) sowie Carl Theodor Welcker (1790–1869), der der Zweiten Badischen Kammer angehörte und dann mit Gustav Struve (1805–1870) zu den führenden Männern der badischen Revolution gehören sollte. Anwesend war ebenso der hessische Politiker Heinrich von Gagern (1799–1890), später Präsident der Nationalversammlung.

Die Wegbereiter der Demokratie forderten eine gesamtnationale Volksvertretung. Ein von ihnen gewählter Siebenerausschuss organisierte die Wahl und Einrichtung der Nationalversammlung. Die Herren verschickten Einladungen an alle Mitglieder der deutschen Landtage sowie an liberale und demokratische »Vaterlandsfreunde«, die ein Vorparlament bilden sollten. Diese Versammlung bestand dann aus 574 Mitgliedern und bereitete in der Frankfurter Paulskirche die eigentliche Nationalversammlung vor, die sich am 18. Mai konstituierte. Etliche der Heidelberger Teilnehmer gehörten auch der Paulskirchenversammlung an, etwa Bassermann, Gervinus, Itzstein oder die Mannheimer Juristen Lorenz Brentano (1813–1891) und Alexander von Soiron (1806–1855) sowie Karl Mathy (1807–1868), Mitherausgeber der seit 1846 in Heidelberg erscheinenden »Deutschen Zeitung«.

Zwar scheiterte im Juni 1849 die von der Nationalversammlung beabsichtigte Reichsverfassung, da der preußische König Wilhelm IV. die ihm angebotene Kaiserkrone ablehnte, doch die staatliche Einigung wurde mit der Gründung des Kaiserreichs 1871 erreicht, und die Grundrechte der Paulskirchenverfassung fanden Eingang in die Weimarer Reichsverfassung von 1919.

Auch bei Ludwigshafen fanden 1848/49 Aufstände gegen die Obrigkeit statt.

1878

Kettenschifffahrt auf dem Neckar

Für die Stadt Eberbach, zwischen Neckar und Odenwald gelegen, war der Fluss von alters her wichtig als Transportweg für Kohle, Holz, Steine, Getreide und Salz. Üblich war das Treideln – Boote wurden von Pferden, gelegentlich auch von Menschen gezogen, was jedoch sehr mühsam und zeitaufwendig war. Einen Fortschritt bedeutete ab 1878 die Kettenschifffahrt, bei der sich Kettendampfer mit mehreren angehängten Schleppkähnen entlang einer im Neckar versenkten Stahlkette zogen.

Diese Art der Schleppschifffahrt war finanziell günstig und damit konkurrenzfähig gegenüber der Eisenbahnstrecke Heidelberg–Eberbach–Mosbach–Jagstfeld (Neckartalbahn), die zwischen 1862 und 1879 erbaut wurde. Maßgeblichen Anteil an der Inbetriebnahme der neuen Technik auf dem Neckar hatten der Schiffskonstrukteur und Reeder Ewald Bellingrath (1838–1903) und der Wasserbauingenieur und spätere badische Finanzminister Max Honsell (1843–1910). Die erste Betriebsfahrt startete am 24. Mai 1878 von Mannheim nach Heilbronn, dem wichtigen Warenumschlagplatz am Endpunkt des schiffbaren Flusses. Drei Wochen später begutachtete König Karl von Württemberg (1823–1891) während einer Fahrt von Neckarsulm nach Heilbronn den neuen Kettenschleppdienst, der innerhalb weniger Jahre an Beliebtheit und damit an Wirtschaftlichkeit gewann.

Die Kette war 115 Kilometer lang und hatte ein Gewicht von 1760 Tonnen, die Schiffe waren in den Anfangsjahren bis zu 45 Meter lang und 6,5 Meter breit. Die Verlängerung der Kettenschifffahrt bis Laufen wurde 1884 eingerichtet. Gegenüber dem Treideln verkürzte sich die Fahrzeit auf etwa die Hälfte. Aufgrund ihres lauten Pfeifens nannte man die Kettendampfer im Volksmund »Neckaresel«. Für ihren Betrieb zuständig war die Schleppschifffahrt auf dem Neckar AG. Dieser Schiffstransport, der sehr vom Wasserspiegel abhängig war, wurde unrentabel mit der Kanalisierung des Neckars zu Beginn des 20. Jahrhunderts und dem dafür notwendigen Bau von Staustufen. Nach und nach wurden die Kettendampfer durch Schlepper mit Schiffsschraube ersetzt, 1935 endete die einst innovative Kettenschifffahrt.

An die Geschichte der Schifffahrt auf dem Neckar erinnern in der Nähe des Flusses in Eberbach zum einen das Treidler-Denkmal, zum anderen ein Sandstein, der Spuren der Kettenschifffahrt aufweist. In Eberbach befindet sich übrigens auch die älteste noch erhaltene Steinbrücke Badens. Sie stammt aus dem Jahr 1491 und führt über die Itter, einen 28 Kilometer langen Fluss aus dem Odenwald, der hier in den Neckar mündet.

Brunnendenkmal für die Kettenschifffahrt im Ephrata-Hof.

Stadt- Apotheke

1888

Wiesloch: erste Tankstelle der Welt

Wiesloch, heute rund 26 000 Einwohner groß, ist bekannt als Produktionsstandort der traditionsreichen Heidelberger Druckmaschinen AG seit 1957 und durch sein Psychiatrisches Zentrum, das hier seit 1905 besteht. Schon im Jahr 1888 war Wiesloch eine wichtige Station der neuartigen Reise einer Frau.

Kaum eine Erfindung hat den Alltag der Menschen so sehr verändert wie das Auto. Doch der geniale Konstrukteur und Unternehmer Carl Benz (1844–1929) erntete für sein erstes Automobil zunächst nur Spott und Hohn. Mit dem »Benz Patent-Motorwagen Nummer 1«, einem »Fahrzeug mit Gasmotorenbetrieb«, unternahm er am 3. Juli 1886 die erste öffentliche Probefahrt durch Mannheim. Erfolg hatten Carl Benz und sein Unternehmen schließlich dank Bertha Ringer (1849–1944), die er 1872 in ihrer Geburtsstadt Pforzheim geheiratet hatte. Sie brachte das nötige Kapital, aber auch Verständnis, Interesse und Zuversicht mit in die Ehe.

Da das erste zum Verkauf angebotene Fahrzeug, der »Benz Patent-Motorwagen Nummer 3«, nicht den gewünschten Absatz erzielte, unternahm Bertha Benz am 5. August 1888 mit ihren Söhnen Eugen (1873–1958) und Richard (1874–1955) ohne Wissen ihres Mannes von Mannheim aus eine erste Fernfahrt. Ziel waren ihre Eltern im 106 Kilometer entfernten Pforzheim. Südlich von Heidelberg ging dem Fahrzeug zum ersten Mal der Sprit aus. Das Benzin, damals Ligroin genannt und als Reinigungsmittel verwendet, kaufte die Fahrerin in der Wieslocher Stadt-Apotheke, die seither als erste Tankstelle gilt. Wiesloch, das bis 1803 annähernd 600 Jahre lang zur Kurpfalz gehört hatte und danach badische Amtsstadt wurde, zählte damals rund 3800 Einwohner.

Auf der Fahrt mussten die mutigen Abenteurer weitere Schwierigkeiten meistern. Herausforderungen waren das Kühlen des Motors und das Bremsen beim Bergabfahren. Selbst innovativ, ließ Bertha Benz auf der Rückfahrt bei einem Schuster die Bremsklötze mit Leder beschlagen, die verstopfte Benzinleitung reinigte sie mit ihrer Hutnadel, und das abgewetzte Zündkabel reparierte sie mit einem Strumpfband. Carl Benz, zunächst alles andere als begeistert, zollte seiner Frau bei der Rückkehr nach drei Tagen Respekt. Mit ihrer Pioniertat demonstrierte sie die Alltagstauglichkeit der »pferdelosen Kutsche« und verhalf somit den von ihrem Mann konstruierten Wagen zur Popularität. In die Geschichtsbücher ging sie als erste Autofahrerin und Erfinderin der Bremsbeläge ein. In Wiesloch trägt seit 2008 die Realschule ihren Namen.

▲ Bertha und Carl Benz. ▼ Die Stadtapotheke in Wiesloch, erste Tankstelle der Welt.

1899

Edenkobens königliche Bauten

Wie sehr sich Edenkoben an der Weinstraße als Herz der linksrheinisch gelegenen Kurpfalz fühlt, zeigt sich daran, dass kulturelle Veranstaltungen des Ortes im Kurpfalzsaal stattfinden. Neben dem Denkmal für den bayerischen König Ludwig I. (1786–1868) stehen in Edenkoben mit der Villa Ludwigshöhe und dem Friedensdenkmal zwei weitere Bauten, die an die frühere Zugehörigkeit zum Königreich Bayern erinnern.

Oberhalb der Stadt und von Weitem sichtbar erhebt sich die Villa Ludwigshöhe, von Reben und Wald umgeben. Das Schloss mit seiner auf Säulen fußenden doppelstöckigen Loggia vermittelt italienisches Flair. Tatsächlich gefiel dem Bauherrn König Ludwig I. Italien so sehr, dass er sich die Villa nach italienischem Vorbild und nach Plänen des Architekten Friedrich Wilhelm von Gärtner (1791–1847) ab 1846 als Sommerresidenz errichten ließ. Nach seiner Abdankung 1848 verbrachte Ludwig die Sommerwochen hier und feierte alljährlich Ende August bis 1866 seinen Geburtstag unterhalb des Pfälzerwaldes.

Seine Besuche und der damit verbundene Aufwand führten dazu, dass die Pfälzische Maximiliansbahn bereits 1855 die Strecke Neustadt–Edenkoben–Landau in Betrieb nahm. Die Innenausstattung der Villa Ludwigshöhe umfasst pompejanische Wandmalereien in den Prunkräumen und Mosaikfußböden nach italienischem Vorbild. Die königlichen Räume mit der original erhaltenen Schlossküche kann man in der Ludwigshöhe, die seit 1975 in rheinland-pfälzischem Landesbesitz ist, ebenso besichtigen wie eine Keramiksammlung im Gewölbekeller oder die Slevogt-Galerie, die Werke des Malers Max Slevogt (1868–1932) und Sonderausstellungen präsentiert.

Nur durch ein Tal getrennt befindet sich nördlich das Friedensdenkmal, das als Provinzialehrenmal der Pfalz im Auftrag von Prinzregent Luitpold (1821–1912) zwischen 1895 und 1899 errichtet wurde. Das kapellenartige Denkmal soll an den Sieg der preußisch-deutschen Truppen über Frankreich 1870 und die anschließende Reichseinigung 1871 erinnern. Es zeigt die Wappen der damaligen deutschen Länder, zahlreiche Fresken und Ornamente, allegorische Frauenfiguren (Nord- und Süddeutschland), Ausschnitte aus Otto von Bismarcks Reichstagsreden, Porträtmedaillons des Reichskanzlers, des Generals Helmuth von Moltke und weiterer am Deutsch-Französischen Krieg beteiligter Generäle sowie die Büsten von Kaiser Wilhelm I., König Ludwig II. von Bayern und Prinzregent Luitpold. Für den Autor der schönste Ort der Pfalz – die Besucher haben von der Aussichtsplattform des Bauwerkes einen grandiosen Blick in die Rheinebene. Zudem gibt es in der Waldgaststätte hinter dem Denkmal die größten Kuchenstücke der Pfalz.

▲ Postkarte von 1913. ◀ Das Friedensdenkmal bei Edenkoben. ▶ Villa Ludwigshöhe.

SIEGES- & FRIEDENS
DENKMAL
bei EDENKOBEN.
30.8.73.

SCHÜTTE-LANZ

1909

Luftschiffwerft Schütte-Lanz

Die Gemeinde Brühl südlich von Mannheim gewann als Industriestandort an Bedeutung, da hier die Produktionsstätte der seit 1909 in Mannheim-Rheinau ansässigen Luftschifffirma Schütte & Lanz OHG lag. Das nach Karl Lanz (1873–1921) und Johann Schütte (1873–1940) benannte Unternehmen war der größte Konkurrent zur Luftschiffwerft von Ferdinand Graf Zeppelin (1838–1917) in Friedrichshafen am Bodensee.

Während Lanz, seit 1905 Inhaber der Mannheimer Landmaschinenwerke Heinrich Lanz AG, als erfolgreicher Unternehmer das nötige Kapital mitbrachte, war Schütte als Erfinder und Schiffbaukonstrukteur der technische Kopf. Die erste Probefahrt mit dem »SL I« fand am 17. Oktober 1911 statt, anderthalb Jahre nach der »Taufe« des Luftschiffes, über die der »Mannheimer Generalanzeiger« am 30. April 1910 berichtet hatte: »Wehende Fahnen schmückten heute den imposanten Bau der Lanzschen Luftschiffwerft. Ihr Gruß galt dem Landesherrn, der seine Teilnahme an der Taufe des Luftkreuzers angesagt hatte. ... Nachdem der Großherzog auf das dekorierte Baugerüst unter der Spitze des Luftschiffs geleitet worden war, hielt Dr. Karl Lanz eine Taufrede, die von dem Glauben, dass dies der Weg des technischen Fortschritts sei, der in eine bessere und schönere Zukunft führt. Voll ernster Spannung, aber auch voll freudigem Vertrauen stehen wir vor einem neuen gewaltigen Werke schöpferischer Menschenkraft, dazu bestimmt, an der Lösung eines der größten Probleme der Gegenwart mitzuwirken ...«

Der technische Vorsprung gegenüber den Zeppelin-Luftschiffen lag in der Stromlinienform, dem Leichtbau und den günstigeren Steuerungseigenschaften. Im Unterschied zu den Zeppelinen, die aus einem Duraluminium-Skelett bestanden, waren die SL-Gerippe aus Sperrholz. 1914 übernahm das preußische Militär das Nachfolgemodell „SL II", das als modernstes Luftschiff der Welt galt. Während des Ersten Weltkrieges lieferte die Werft 22 Modelle für das Heer und die Marine. Sie waren 176 Meter lang und im Durchmesser 20 Meter breit. Ihre Geschwindigkeit lag bei 92 Kilometern in der Stunde, ihre Tragkraft bei 21 Tonnen.

Der Versailler Vertrag schrieb ab 1920 die Auslieferung der Luftschiffe vor, dies bedeutete für Schütte & Lanz das Aus. Als Nachfolgefirma profitierte die Schütte-Lanz-Sperrholzfabrik AG von den Erfahrungen bei der Produktion von Sperrholz. Das Unternehmen existierte bis 2007, zuletzt als Finnforest Schütte-Lanz GmbH, und war auf die Herstellung von Verschalungstafeln spezialisiert. Noch heute belegen die imposanten Luftschiffhallen an der Straße An den Werften und die Schütte-Lanz-Straße, dass in Brühl deutsche Luftfahrtgeschichte mitgeschrieben wurde.

▲ Ein Luftschiff der Firma Schütte-Lanz, 1913.
▼ Heutiger Zustand der ehemaligen Werfthallen in Brühl.

1923

Filme werden gedreht

Vor allem in Heidelberg, aber auch andernorts in der Kurpfalz wurden und werden bekannte Filme aufgenommen. So gehört Ludwigshafen zu den Städten, in denen ein »Tatort«-Team ermittelt.

Der »Tatort«, erstmals 1970 ausgestrahlt, ist die langlebigste Krimireihe im deutschen Fernsehen (ARD). Seit 1989 ist auch Ludwigshafen Schauplatz der Serie. Der erste Titel lautete »Die Neue«; es war der 224. »Tatort« und der erste Fall für Lena Odenthal. Bis 2023 wurden 78 Folgen aus Ludwigshafen gesendet. Inzwischen ist die fiktive Kriminalhauptkommissarin Odenthal, die von Ulrike Folkerts (geboren 1961) gespielt wird, dienstälteste Ermittlerin der Reihe. Auch wenn die Innenaufnahmen überwiegend am SWR-Standort Baden-Baden entstehen, liegen die Schauplätze in Ludwigshafen und in der Region. 25 Jahre lang waren an Odenthals Seite Annalena Schmidt (geboren 1951) als Sekretärin Edith Keller und Peter Espeloer (geboren 1960) als Kriminaltechniker Peter Becker zu sehen. Beim dritten Ludwigshafener »Tatort« 1991, »Tod im Häcksler« mit Ben Becker (geboren 1964) als Dorfpolizist Stefan Tries, führte Nico Hofmann Regie. Jahre später feierte der 1959 in Heidelberg geborene Filmproduzent große Erfolge mit »Das Wunder von Bern« (2008) oder »Ku'damm 59« (2018).

Hohe Einschaltquoten hatte auch die in Heidelberg angesiedelte siebenteilige Serie »Hotel Heidelberg« (2016–2019), in der Episoden rund um einen Familienbetrieb dargestellt werden. Zu den Hauptdarstellern gehören Hannelore Hoger (geboren 1941), Christoph Maria Herbst (geboren 1966) und Stephan Grossmann (geboren 1971). Gedreht wurde tatsächlich in Heidelberg, als Hotel diente eine prachtvolle Gründerzeitvilla im Stadtteil Neuenheim.

Bereits in früheren Jahren war Heidelberg Schauplatz von Filmen, die auf dem bekannten Schauspiel »Alt-Heidelberg« von Wilhelm Meyer-Förster (1862–1934) beruhen. Es wurde 1901 uraufgeführt und war seinerzeit das erfolgreichste Theaterstück. Zum Inhalt in aller Kürze: Erbprinz Karl-Heinrich studiert in Heidelberg und verliebt sich dort in die Wirtstochter Käthie, letztlich jedoch übernimmt er die Nachfolge seines Onkels und heiratet aus Staatsräson eine standesgemäße Frau. Die erste Verfilmung (»Old Heidelberg«, 1915) war eine US-Produktion. »Alt-Heidelberg« als deutscher Stummfilm kam 1923 in die Kinos. Eine weitere deutsche Verfilmung mit Aufnahmen in Heidelberg sowie dem Neckartal und in den Hauptrollen Sabine Sinjen (1942–1995), Christian Wolff (geboren 1938) sowie Gert Fröbe (1913–1988) entstand 1959. Voll Romantik ist ebenso der 1951 unter der Regie von Paul Verhoeven (1901–1975) mit Lieselotte Pulver (geboren 1929) gedrehte Film »Heidelberger Romanze«.

Drehort der Filmreihe »Hotel Heidelberg«: eine Villa oberhalb des Neckars.

AM HOCKENHEIM RING
V-Power
7
8
54
MS-GP
67
MR-BR
67
MK-NR
44-WT-GR

1932

Rennen auf dem Hockenheimring

Kaum fuhren die ersten Autos auf den Straßen, starteten Ende des 19. Jahrhunderts Wettfahrten der ersten Automobilbesitzer. Sie traten gegeneinander an, aber auch gegen Reiter, Radfahrer und Eisenbahnen! Da die Sicherheit der Fahrer und Zuschauer gewährleistet sein musste und illegale Autorennen verhindert werden sollten, richtete man vom öffentlichen Verkehr abgegrenzte Rennstrecken ein.

Frühe Förderer der Rennen waren der 1899 gegründete Automobilclub von Deutschland (AvD) und der seit 1903 bestehende ADAC. Erste Renn- und Teststrecke war die 1921 eröffnete AVUS in Berlin, als »Gebirgs-Renn- und Prüfungsstrecke« wurde 1927 der Nürburgring in der Eifel eingeweiht und wenige Jahre später eröffnete der Hockenheimring. In Betrieb genommen wurde diese Rennstrecke auf noch unbefestigten Wegen im Hardtwald bei Hockenheim im Mai 1932 durch Motorräder. Man nutzte den anfangs 12 Kilometer langen Dreieckskurs auch als Teststrecke von Mercedes-Benz. Der Motorsport stand in jenen Jahren für eine neue Zeit und war überaus populär. Bei den Rennen waren Zehntausende Zuschauer zugegen.

Die Hockenheimer Strecke wurde ab März 1938 umgestaltet, versiegelt und mit einem Sicherheitsstreifen ausgestattet. Ein halbes Jahr später wurde die nun Kurpfalzring genannte, annähernd acht Kilometer lange Strecke für Motorräder und Sportwagen eröffnet. Im Frühjahr 1939 testete hier Mercedes-Benz den neuartigen 8-Zylinder-V-Motor-Rennwagen W 165, der eigens für den Großen Preis von Tripolis (Mai 1939) entwickelt worden war. Tatsächlich errangen dort die bekannten Rennfahrer Herrmann Lang (1909–1987) und Rudolf Caracciola (1901–1959) den Sieg vor den Konkurrenten von Alpha Romeo und Maserati. Nach dem Krieg lockten die Motorradrennen der 1947 gegründeten Hockenheim-Ring GmbH bis zu 300 000 Zuschauer an. Eine völlige Neugestaltung wurde infolge des Baus der Autobahn 6 erforderlich. Ab Mai 1966 war die Strecke 6,8 Kilometer lang und im Uhrzeigersinn zu befahren.

Nach dem tödlichen Unfall des Formel-1-Weltmeisters Jim Clark (1936–1968) wurde der Hockenheimring mit Leitplanken und Bremsschikanen ausgestattet, diese bildeten zusätzliche Kurven und verringerten die Fahrgeschwindigkeit. Da dem Nürburgring Sicherheitsvorkehrungen fehlten, fanden ab Ende der 1970er-Jahre die großen Rennen (Großer Preis von Deutschland) in der Kurpfalz statt. 2002 wurde die Hochgeschwindigkeitsstrecke auf 4,6 Kilometer verkürzt, die Südtribüne erweitert und die neue Mercedes-Tribüne errichtet; damit waren Sitzplätze für 120 000 Zuschauer geschaffen. Seitdem heißt die Anlage Hockenheimring Baden-Württemberg. Inzwischen finden hier auch große Open-Air-Konzerte statt.

Autobahn-Raststätte bei Hockenheim.

1934

Das Fass von Bad Dürkheim

Das rund 20 000 Einwohner große Bad Dürkheim, am Rand des Pfälzerwaldes und zugleich an der Deutschen Weinstraße gelegen, ist seit 1904 offiziell Kurstadt und hat zwei Superlative zu bieten: zum einen das größte Fass der Welt und zum anderen das größte Weinfest der Welt.

Das imposante Riesenfass, 1934 gezimmert, fasst ein Volumen von 1,7 Millionen Litern. Baumeister war der 1897 geborene Dürkheimer Weingutbesitzer und Küfermeister Fritz Keller. Rund 200 jeweils 40 Meter lange Schwarzwaldtannen, nachts und mit Sondergenehmigung in die Pfalz transportiert, wurden für diesen gigantischen Bau verarbeitet, der einen Durchmesser von 13,5 Metern hat. Als Weinfass diente er jedoch nie – im Gegensatz zu den Vorbildern, den außergewöhnlichen Fässern im Heidelberger Schloss.

Das erste Große Fass dort – auch Johann-Casimir-Fass genannt – wurde unter Pfalzgraf Johann Casimir im Jahr 1591 vollendet. Es hatte ein Fassungsvermögen von 127 000 Litern und wurde im Dreißigjährigen Krieg zerstört. Casimir, 1543 in Simmern geboren und 1592 in Heidelberg gestorben, ist einer der Männer, die mit dem »Jäger aus Kurpfalz« des allseits bekannten Volksliedes gemeint sein könnten. In der ersten Strophe heißt es: »Ein Jäger aus Kurpfalz, der reitet durch den grünen Wald, er schießt das Wild daher, gleich wie es ihm gefällt.« Der Verfasser des Textes ist unbekannt. Das heutige (vierte) Große Fass im Heidelberger Schloss entstand 1751 und ließ sich mit 219 000 Litern füllen.

Das Dürkheimer Riesenfass wurde am Rand der nördlichen Altstadt errichtet als Weinstube für rund 430 Gäste, die, verteilt auf Erdgeschoss und Empore, Pfälzer Spezialitäten genießen können. 1958 wurde das Fass mit der »Bütt« und damit zusätzlichen 120 Plätzen erweitert. Es ist seit seinem Bestehen ein besonderer Blickfang und ein beliebtes Fotomotiv bei den Touristen. Alljährlich im September findet auf dem großen Platz vor dem Fass der traditionelle »Wurstmarkt« statt. Vorgänger des heutigen Volksfestes war der mit einer Wallfahrt verbundene Michaelismarkt, der erstmals 1417 stattgefunden haben soll. Im Lauf der Jahrhunderte zog das Kirchweihfest immer mehr Händler und Besucher an, allerdings veränderte sich auch der Charakter des Marktes. Mit einem Zirkus, Feuerschluckern, Karussells, einem Kasperl-Theater, Schießbuden und anderem stand schon bald das Vergnügen im Vordergrund. Der Wein floss in Strömen, ebenso eifrig wurde Wurst gegessen, sodass der Markt erstmals 1832 als »Wurstmarkt« bezeichnet wurde. Mit annähernd 700 000 Besuchern jährlich gilt der »Wurstmarkt« als größtes Weinfest der Welt.

Das Bad Dürkheimer Riesenfass (1934).

Dürkheimer Riesenfaß
Inhalt: 1.700.000 ltr.

1956

Weinheim wird Große Kreisstadt

Weinheim an der Badischen Bergstraße vermarktet sich gern als »Zwei-Burgen-Stadt«. Tatsächlich thronen über der Stadt und von Weitem sichtbar zwei mächtige Türme. Die Burg Windeck, von der nur eine Ruine übriggeblieben ist, wurde um 1130 errichtet, die etwas nördlich von ihr gelegene Wachenburg dagegen erst im frühen 20. Jahrhundert.

Weinheim, erstmals 755 urkundlich erwähnt, erhielt im Jahr 1000 durch Kaiser Otto III. (980–1002) das Marktrecht, unter Heinrich IV. (1050–1106) das Münzrecht. Der Ort gewann im Lauf der Jahre eine Zentralitätsfunktion für das Umland, befand sich aber im Spannungsverhältnis zwischen den Mainzer Kurfürsten und den Pfalzgrafen, was schließlich zu einer kuriosen Situation führte: Die Altstadt gehörte zu Mainz, die Neustadt zur Pfalz. Erst 1454 fand eine Fusion beider Gebiete unter kurpfälzischer Herrschaft statt.

Nachdem Heidelberg im Pfälzischen Erbfolgekrieg stark zerstört worden war, ließ Kurfürst Johann Wilhelm (1658–1716) die kurpfälzische Verwaltung und die Universität von Heidelberg kurzzeitig nach Weinheim verlegen. Er residierte im Schloss, einem 1537 errichteten Renaissancebau. Der 40 Meter hohe neugotische Turm entstand erst 1868, der Zwischenbau im Stil des Historismus kam 1893 hinzu. Seit 1938 befindet sich die markante Anlage im Besitz der Stadt, die hier Teile ihrer Verwaltung untergebracht hat.

1803 gelangte Weinheim zum Großherzogtum Baden und wurde Sitz eines Bezirksamtes. Mit dessen Auflösung 1936 kam die Stadt zum Bezirksamt Mannheim und 1938 zum Landkreis Mannheim, der bis zur Kreisreform 1972 bestand. Seit 1973 gehört Weinheim zum neu gebildeten Rhein-Neckar-Kreis. Damit änderten sich auch die Autokennzeichen; bei ihrer Einführung 1956 hatten die hier zugelassenen Kraftfahrzeuge das Kennzeichen MA, seitdem HD. Anfang 1946 zählte die Stadt 20000 Einwohner, die Bevölkerungszahl liegt heute bei rund 46000, damit ist Weinheim die größte Stadt des Rhein-Neckar-Kreises. Durch die Überarbeitung der baden-württembergischen Gemeindeordnung Anfang der 1950er-Jahre führte die gestiegene Einwohnerzahl dazu, dass Weinheim zum 1. April 1956 zur Großen Kreisstadt ernannt wurde und der Bürgermeister die Amtsbezeichnung Oberbürgermeister erhielt. Der Titel Große Kreisstadt – nur in den Ländern Baden-Württemberg, Bayern, Sachsen und Thüringen üblich – bedeutet einen besonderen rechtlichen Status. Eine solche Stadt übernimmt mehr staatliche Verwaltungsaufgaben. Ihr obliegen die Aufsicht des Katastrophenschutzes und der zivilen Verteidigung sowie Regelungen, die das Staatsangehörigkeitswesen und das Personenstandswesen betreffen. Weinheim ist eine von inzwischen 95 Großen Kreisstädten in Baden-Württemberg.

Das Alte Rathaus am Weinheimer Marktplatz.

1981

Technik-Museum Sinsheim

Das Technik-Museum Sinsheim an der A 6 ist weit über die Grenzen der Kurpfalz hinaus ein Begriff, kein Wunder, denn es besitzt allseits bekannte und zugleich außergewöhnliche Ausstellungsobjekte. Zu diesen Highlights gehören die beiden Überschallflugzeuge Tupolew Tu-144 und Concorde im Original.

Im Mai 1981 wurde sein Traum wahr: Der Unternehmer Eberhard Layher (1921–2012) eröffnete als Initiator mit weiteren technikbegeisterten Sammlern in Sinsheim das Auto & Technikmuseum, das sich aus bescheidenen Anfängen zu einem der größten Museen Europas entwickelte. Auf einer Fläche von rund 50 000 Quadratmetern präsentiert es mehr als 3000 Exponate in seiner Dauerausstellung, hinzu kommen Sonderausstellungen. Nach wenigen Jahren war der Zuspruch so groß, dass die Deutsche Bahn 1995 auf der Strecke Mannheim–Heilbronn den Haltepunkt Sinsheim Museum/Arena eröffnete. Inzwischen kommen jährlich mehr als eine Million Besucher in die täglich geöffnete Ausstellung.

Ein Großteil der Präsentation ist der Geschichte der Mobilität gewidmet. Zu sehen sind historische Fahrräder, Motorräder, Autos, Sportwagen, Militärfahrzeuge, Traktoren, Lokomotiven. Das besondere Augenmerk der Besucher gilt jedoch den geschichtsträchtigen und begehbaren Flugzeugen. Als erstes der Überschallflugzeuge kam nach einem aufwendigen Transport 2001 die Tu-144 nach Sinsheim. Nach dem sowjetischen Konstrukteur Alexei Andrejewitsch Tupolew (1925–2001) benannt, wurden von diesem weltweit ersten Überschallflugzeug 16 Exemplare produziert, die zwischen 1975 und 1984 im Einsatz waren. Drei Jahre später erreichte eine Concorde das Museum. Air France und British Airways setzten zwischen 1976 und 2003 insgesamt 20 Maschinen weltweit ein. Beide Flugzeuge standen für die Fortschrittsgläubigkeit der 1960er-Jahre. Der Absturz einer Concorde im Juli 2000 kurz nach dem Start in Paris leitete das Ende dieser Ära ein. Die beiden »Königinnen der Lüfte« thronen auf dem Museumsdach und stellen mit ihrer schwungvollen Eleganz einen Kontrast dar zu den anderen Fortbewegungsmitteln im Museum.

In Sinsheim begegnen die Besucher nicht nur einer schier unerschöpflichen Menge an Exponaten, sie erfahren auch deren geschichtlichen Hintergrund. Zu den letzten spektakulären Neuerwerbungen gehört ein 50 Meter langes U-Boot; U 17 war zwischen 1973 und 2010 im Einsatz, bis es nach einer publikumswirksamen Fahrt 2023/24 auf dem Rhein und dem Neckar sein Ziel erreichte. Das viel besuchte und hochgelobte Technik-Museum Sinsheim, zu dem das 1991 eröffnete Technik-Museum Speyer gehört, ist ein wichtiger Ort, an dem technische Innovationen der Vergangenheit der Nachwelt erhalten bleiben.

▲ Eine der größten Attraktionen der Kurpfalz: das Technik-Museum Sinsheim.
▼ Zwei Highlights des Museums: eine Concorde (links) und eine Tupolew (rechts).

MUSEUM
+
IMAX 3D
HAUPTEINGANG
EINHUNDERT JAHRE
24H VON LE MANS
VON 1. APR 20 23
BIS 7. JAN 20 24

ERZLICH WILLKOMMEN
IM
UTO & TECHNIK MUSEUM

Gasthaus-Cafe'
Zum
oldenen Adler
seit 1720

1983

Freinsheim vergibt Literaturpreis

Eine architektonische Perle ist das 5000 Einwohner große Städtchen Freinsheim im Landkreis Bad Dürkheim. An keinem anderen Ort der Pfalz ist das Mittelalter so präsent wie hier, auch wenn die 773 erstmals urkundlich erwähnte Gemeinde ein Opfer des Pfälzischen Erbfolgekrieges wurde.

Der Ort steckt voller Geschichte und Geschichten. Vor allem präsentiert er eine spätgotische, 1300 Meter lange Stadtmauer mit zahlreichen Türmen und Toren, die fast vollständig erhalten ist. Besonders massiv gebaut sind das 1514 entstandene Eisentor im Osten, das Haintor im Westen und die 13 Türme, die teils aus dem 13. und 14. Jahrhundert stammen. Doch nicht nur die mittelalterliche Bausubstanz beeindruckt, ebenso prachtvoll sind die Barockbauten, etwa das um 1730 errichtete Rathaus am Markt neben der protestantischen Pfarrkirche.

Ebenfalls in der Hauptstraße und damit im Herzen der historischen Altstadt befindet sich das Hotel »Altstadthof« mit seiner klassizistischen Fassade, dessen Grundmauern jedoch aus dem 12. Jahrhundert stammen. Ein weiteres Juwel ist der Von-Busch-Hof, an dessen Stelle im Mittelalter zwei Höfe des Prämonstratenserinnenklosters Enkenbach standen. Er erlebte Zerstörung, Wiederaufbau und unterschiedliche Nutzungen. 1981 umfassend saniert, dienen die denkmalgeschützten Gebäude des Hofs als Restaurant und für kulturelle Veranstaltungen, in der ehemaligen Scheune befindet sich der Bürgersaal. Wie der Von-Busch-Hof und zahlreiche Weinstuben im Ort verfügt auch der Freinsheimer Hof über einen mediterran anmutenden Innenhof, in dem man bei Pfälzer Wein und regionalen Spezialitäten die Sorgen des Alltags vergessen kann. Zuvor bietet sich ein entdeckungsreicher Spaziergang entlang der Stadtmauer an.

Die Stadt, die auch als »pfälzisches Rothenburg« bezeichnet wird, verleiht seit 1983 alle zwei Jahre den überregional bedeutenden Hermann-Sinsheimer-Preis, benannt nach dem hier geborenen und in London verstorbenen Juristen, Journalisten und Theaterkritiker Hermann Sinsheimer (1883–1950), der 1938 vor den Nationalsozialisten fliehen musste. Geehrt werden mit dem Literaturpreis Persönlichkeiten, die sich um die Literatur verdient gemacht haben. Zu den Ausgezeichneten gehören Carolin Emcke (2023), die Literaturnobelpreisträgerin Herta Müller (2019), Navid Kermani (2017), Christa Wolf (2005), Siegfried Lenz (1997), Hilde Domin (1993) und Marcel Reich-Ranicki (1991). Zusätzlich vergibt die Stadt seit 2000 in den geraden Jahren die Hermann-Sinsheimer-Plakette, die das literarische Schaffen regionaler Schriftsteller würdigt.

Freinsheim: Rathaus und protestantische Pfarrkirche.

2017

Kurpfälzer Meile der Innovationen

Die Kurpfalz ist Heimat zahlreicher Erfindungen und Entdeckungen, viele Innovationen haben hier ihren Ausgangspunkt. Doch die Spurensuche gestaltet sich schwierig. Nicht von jedem Erfinder besteht noch das Geburtshaus, ein Labor oder ein sonstiges Gebäude, in dem Forschungen stattfanden, zu sehr war die Region im Zweiten Weltkrieg zerstört – insbesondere Mannheim.

Um dennoch an die wegweisenden Leistungen der »klugen Köpfe« von einst auf kulturellem, technischem und wirtschaftlichem Gebiet zu erinnern und deren Werk zu würdigen, gründeten Heimatverbundene den Verein Kurpfälzer Meile der Innovationen e. V., der seit 2017 auf dem Gehweg vor dem Mannheimer Schloss Bronzeplatten mit entsprechenden Hinweisen verlegt. Die erste Platte dieses originellen Projekts (Mai 2017) gilt Karl Drais (1785–1851), der zu den bedeutenden Mannheimer Tüftlern gehört und somit die Geschichte der Mobilität mitgeschrieben hat. Konstruiert hat er auch eine »Schnellschreibmaschine« und einen »Holzsparherd«, international bekannt wurde er jedoch mit seiner 1817 präsentierten »Laufmaschine«. Zu Lebzeiten überwiegend verspottet, wurde sein Lebenswerk erst viel später gewürdigt. Mehrere Briefmarken, Münzen, Straßen und Schulen erinnern an Karl Drais, der in Mannheim das Prinzip des späteren Fahrrads fand – und nach dem die Draisine (»Wagen ohne Pferd«) benannt ist.

Mit der zweiten Bronzeplatte wird an Friedrich Schiller erinnert, dessen Drama »Die Räuber« im Januar 1782 im Nationaltheater Mannheim uraufgeführt wurde. Im Juli 2017 enthüllte der Verein in Anwesenheit des damaligen Oberbürgermeisters Peter Kurz (geboren 1962) die Platte zur Erinnerung an Werner von Siemens (1816–1892), der am 11. Juli 1880 in Mannheim den ersten elektrischen Personenaufzug der Welt präsentierte. Das »Wunderwerk der Technik« war eine Konstruktion, bei der erstmals Energie durch Kabel bezogen wurde. Doch die Innovationsmeile gilt nicht nur bekannten Persönlichkeiten wie Carl Benz, der mit seinem »Fahrzeug mit Gasmotorenbetrieb« am 3. Juli 1886 die erste öffentliche Probefahrt durch Mannheim unternahm und dessen Frau Bertha dank ihrer »Fernfahrt« nach Pforzheim (August 1888) zum Erfolg seines Unternehmens beitrug, oder Wolfgang Amadeus Mozart (1756–1791), der in Mannheim wesentliche Impulse für seine Entwicklung als Komponist aufnahm. Auch die Erinnerung an heute weniger bekannte Forscher und Kreative bleibt dank des Vereins erhalten.

Vor dem Mannheimer Schloss erinnern auf dem Gehweg der Bismarckstraße mehrere Bronzeplatten an Persönlichkeiten, die in der Kurpfalz Besonderes geleistet haben.

DIE
MANNHEIMER SCHULE
1743 - 1778
Mannheimer Seufzer
Die von Johann Stamitz begründete "Mannheimer Schule" schuf mit ausgefeilten stilistischen und dynamischen Mitteln wie dem Crescendo oder der „Rakete" einen modernen Orchesterklang und machte Mannheim zum Mittelpunkt des europäischen Musiklebens. Hier entstand die Sinfonie in ihrer heutigen Form. Viele bedeutende Solisten und Komponisten waren Mitglieder der für ihre spieltechnische Perfektion berühmten Hofkapelle.
Metropolregion Rhein-Neckar
Spender der Platte:
Stadt Mannheim

ADOLF KUßMAUL
22.02.1822 – 28.05.1902
Der Arzt Adolf Kußmaul führte 1867 die Magenpumpe ein und behandelte mit ihr Verengungen des Magenausgangs. Mit einem (noch) unflexiblen Gastroskop nahm er 1868 bei einem Schwertschlucker die erste Magenspiegelung vor. Der vielseitige Arzt war auch ein begabter Poet. Er schuf zusammen mit Ludwig Eichrodt die Figur des Schulmeisters Gottfried Biedermaier, der einer ganzen Epoche den Namen gab.
Metropolregion Rhein-Neckar
Spender der Platte:
Kurpfälzer Meile der Innovationen e.V.

MAX WEBER
21.04.1864 - 14.06.1920
Max Weber gilt als Begründer der modernen Soziologie. Er prägte Begriffe wie "werturteilsfreie Wissenschaft", „Objektivität" oder „Bürokratie". Mit seinem umfangreichen Werk legte er für Soziologie und Wirtschaftswissenschaft wegweisende Grundlagen. In der Politikwissenschaft sind Webers Gedanken zum Berufspolitiker und zur Wirkung von Charisma bis heute aktuell.
Metropolregion Rhein-Neckar
Spender der Platte:
Forschungsgruppe Wahlen

BULLDOG
1921
Der Ingenieur Dr. Fritz Huber konstruierte bei der Firma Heinrich Lanz in Mannheim einen 12 PS-Rohölschlepper mit einzylindrigem Glühkopfmotor, der mit allen flüssigen Kraftstoffen betrieben werden konnte. Der wegen seines Aussehens und seiner Robustheit Bulldog genannte Schlepper wurde zum Inbegriff für Zuverlässigkeit und Sparsamkeit und sogar zum Synonym für Traktoren. Seine Vielseitigkeit bereitete den Weg für die Mechanisierung der Landwirtschaft.
Gemeinsam engagiert in der
Spender der Platte:
John Deere

Dazu zählen der Naturforscher Karl Friedrich Schimper (1803–1867) oder der Physiker und Sprachforscher Johann Jakob Hemmer (1733–1790), der aufgrund seiner Arbeiten zur Meteorologie europaweite Berühmtheit erlangte. Er baute ein weltweites Netz von 53 Wetterstationen auf. Seine systematische Datenerfassung an verschiedenen Orten und über Jahre hinweg war eine Pioniertat der Wetter- und Klimabeobachtung. An allen Beobachtungsstationen wurden standardisierte Messgeräte nach einheitlichen Methoden genutzt. Selbst die Beobachtungstermine wurden einheitlich festgelegt, es sind die »Mannheimer Stunden«. Im Zuge von Hemmers Untersuchungen zur atmosphärischen Elektrizität ließ Kurfürst Karl Theodor auf allen Pulvertürmen und Schlössern der Kurpfalz Blitzableiter anbringen, die »Hemmerschen Fünfspitze«.

Von den Medizinern des 19. Jahrhunderts würdigt die Meile den Gastroenterologen Adolf Kußmaul (1822–1902), der 1868 die erste Magenspiegelung durchführte, und Albert Fraenkel (1864–1938), den Begründer der lebensrettenden Strophanthin-Therapie. Aber auch die Mitte des 19. Jahrhunderts gegründeten Firmen Freudenberg (1849) und BASF (1865), heute führende Konzerne der Rhein-Neckar-Metropolregion, haben Bronzetafeln erhalten.

Mit diesen originellen Platten, 42 mal 42 Zentimeter groß, im Abstand von 1,75 Metern verlegt und von Sponsoren finanziert, wird ebenso die Erinnerung wachgehalten an die »Mannheimer Schule«, das Hoforchester unter Karl Theodor, dessen Residenz Mitte des 18. Jahrhunderts ein Musenhof von europäischem Rang war. Die Hofmusiker wurden bewundert für ihre virtuosen Fähigkeiten, ihr diszipliniertes Spiel und ihre technische Perfektion. Sie entwickelten musikalische Neuerungen, die als »Mannheimer Manieren« so kuriose Namen wie »Rakete«, »Seufzer« oder »Walze« bekommen haben. Zu den Musikern der »Mannheimer Schule« gehören der Geigenvirtuose Johann Stamitz (1717–1757), der Flötist Johann Baptist Wendling (1723–1797), der Komponist Christian Cannabich (1731–1798) sowie der Oboist Friedrich Ramm (1744–1813). Der Dichtkunst wird gehuldigt, indem seit August 2017 für die »Heidelberger Romantik« eine Platte verlegt ist. Zu dieser Gruppe von Schriftstellern, die sich Anfang des 19. Jahrhunderts längere Zeit in Heidelberg aufhielten, zählen Clemens Brentano (1778–1842), Achim von Arnim (1781–1831) und Joseph von Eichendorff (1788–1857).

Die bis März 2023 verlegten 42 Bronzeplatten würdigen gleichfalls Innovationen des 20. Jahrhunderts und unserer Tage. Gewidmet sind sie Felix Wankel (1902–1988), Erfinder des Kreiskolbenmotors, Harald zur Hausen (1936–2023), Medizinnobelpreisträger (2008), oder Stefan Hell (geboren 1962), Träger des Nobelpreises für Chemie (2014).

Gewidmet der »Mannheimer Schule«, Adolf Kußmaul, dem Soziologen Max Weber (1864–1920) und dem Ingenieur Fritz Huber (1881–1942).

Heute

Wirtschaftsstandort Metropolregion

Die Kurpfalz gehört zu den bedeutendsten Wirtschaftszentren Deutschlands. Hier haben zahlreiche börsennotierte Unternehmen ihren Sitz, mit der BASF, Heidelberg Materials und SAP gehören drei innovationsstarke Global Player sogar dem DAX an.

Gewährleistet ist die internationale Wettbewerbsfähigkeit dank einer hervorragenden Infrastruktur, die Transportmöglichkeiten per Straße, Schiene, Wasser und Luft bietet. Seit Handel betrieben wird, sind Rhein und Neckar wichtige Verkehrsadern. Ab Mitte des 19. Jahrhunderts kam die Eisenbahn als Wirtschaftsmotor hinzu, seit den 1960/70er-Jahren ermöglichen mehrere Autobahnen und gut ausgebaute Bundesstraßen Zentralität und schnelle Erreichbarkeit.

Manche Unternehmen blicken auf eine jahrhundertelange Geschichte zurück: So ist die 1679 gegründete Eichbaum-Brauerei Mannheims ältestes Unternehmen. 1970 übernahm die Frankfurter Henninger-Gruppe die Brauerei, 30 Jahre später wurde Eichbaum Teil der Actris AG, seit 2010 firmiert der Getränkehersteller als Privatbrauerei Eichbaum GmbH & Co KG. Auch auf der linksrheinischen Seite der Metropolregion befindet sich eine traditionsreiche Brauerei: die 1846 gegründete Privatbrauerei Gebr. Mayer GmbH & Co. KG in Oggersheim, das am längsten bestehende Unternehmen in Ludwigshafen.

Die 1849 gegründete Freudenberg & Co. KG mit Sitz in Weinheim gehörte um 1900 zu den größten Gerbereien Europas. Die frühzeitige Umstellung der Produktion auf Kunstleder sicherte dem Betrieb nach dem Zweiten Weltkrieg die Wettbewerbsfähigkeit. Heute agiert Freudenberg als Zulieferer für die Auto-, Textil-, Maschinenbau- und Telekommunikationsindustrie mit Niederlassungen in rund 60 Ländern. Bereits seit dem ausgehenden 19. Jahrhundert engagiert sich das Familienunternehmen sozial, von zahlreichen Stiftungen profitieren seine Mitarbeiter und die Bewohner der Stadt Weinheim.

Nur ein Jahr jünger ist die Heidelberger Druckmaschinen AG, hervorgegangen 1850 aus einer Frankenthaler Glocken-, Feuerspritzen- und Dampfmaschinenfabrik (ab 1895 in Heidelberg). Das Unternehmen spezialisierte sich auf die Herstellung von Maschinen, Werkzeugen und Schnellpressen. Als Exportschlager erwies sich der Heidelberger Tiegel, der zwischen 1914 und 1985 in verschiedenen Modellen auf den Markt kam – bis heute die am häufigsten produzierte Druckpresse der Welt. Seit 2015 in Wiesloch ansässig, ist die Heidelberger Druckmaschinen AG der weltweit führende Hersteller von Bogenoffset-Druckmaschinen.

▲ Fuhrpark der Mannheimer Eichbaum-Brauerei um 1900.
▼ Freudenberg-Verwaltungsgebäude in Weinheim.

Flaschenbier hell und dunkel.
in ganzen und halben Flaschen
№ 30
Flaschenbier hell und dunkel
in ganzen und halben Flaschen
№ 31

FREUDENBERG

Ludwigshafen a. Rh.
Kolonie der Anilinfabrik.

In die Zeit der beginnenden Hochindustrialisierung fällt auch die Gründung der BASF (Badische Anilin- & Soda-Fabrik). Das Unternehmen ist nicht nur der größte Arbeitgeber der Rhein-Neckar-Region, sondern der weltweit größte Chemiekonzern. Gegründet wurde er 1865 im badischen Mannheim, doch da die Stadt den Unternehmensgründern kein Gelände zur Verfügung stellen wollte, andererseits der bayerische König Maximilian II. die Industrieansiedlung subventionierte, entstand die BASF auf der anderen Rheinseite. Erst mit der rasanten Entwicklung des Unternehmens entwickelte sich auch Ludwigshafen, das heute mit rund 170 000 Einwohnern die zweitgrößte rheinland-pfälzische Stadt ist. Der frühe Erfolg der BASF lag in der synthetischen Herstellung von Indigofarben, nach der Jahrhundertwende gelang den Forschern die großtechnische Umsetzung der Ammoniaksynthese. Zur innovativen Produktpalette gehörten nach dem Zweiten Weltkrieg Styropor und Kunststoffprodukte aller Art, eine Zeit lang wurden auch Magnetbänder und Tonbandkassetten hergestellt. Heute arbeiten rund 115 000 Mitarbeiter in 80 Ländern in den Bereichen Chemikalien, Veredlungsprodukte, Kunststoffe, Pflanzenschutz, Erdöl und Erdgas für das Unternehmen. Allein in Ludwigshafen sind auf einer Fläche von zehn Quadratkilometern mehr als 37 000 Beschäftigte tätig. Als vorbildlich gelten die Sozialleistungen, zu denen Erholungsheime und die Wohnsiedlung Hemshof gehören.

Zu den weiterem Top-Unternehmen der Region zählt die 1871 gegründete KSB (KSB SE & Co. KGaA) in Frankenthal, die auf die Produktion von Pumpen und Armaturen spezialisiert ist und mit großen Werken in Brasilien, den USA, China und Indien den Weltmarkt beliefert. Die HeidelbergCement AG (seit 2023 Heidelberg Materials), 1874 in Heidelberg gegründet, ist einer der weltweit größten Baustoffkonzerne und produziert mit rund 53 000 Mitarbeitern in 60 Ländern. Zu den 3000 Standorten gehört das moderne Werk in Leimen. Ähnlich traditionsreich ist die Bilfinger SE, seit 1880 in Mannheim beheimatet, jahrelang als Bilfinger + Berger bekannt und einst führend in der Bauwirtschaft. Mittlerweile hat sich das Geschäftsfeld verändert. Eines der Großprojekte in der Region, die von Bilfinger maßgeblich betreut wurden, ist der 2015 in Betrieb genommene Block 9 des Großkraftwerks Mannheim.

Auch die seit 1926 bestehende Südzucker AG, größter Zuckerproduzent der Welt, hat ihre Hauptverwaltung in Mannheim. In derselben Stadt besteht mit dem Unternehmen John Deere, das 1956 die bekannte Heinrich Lanz AG übernommen hat, einer der größten Landmaschinenhersteller Europas. Als letzter Konzern sei hier SAP genannt – 1972 in Weinheim gegründet und seit 1977 in Walldorf beheimatet. SAP ist das größte europäische Softwareunternehmen und gilt als wertvollstes börsennotiertes deutsches Unternehmen. Seine Gründer, insbesondere Klaus Tschira (1940–2015), Hans-Werner Hector (geboren 1940), Dietmar Hopp (geboren 1940) und Hasso Plattner (geboren 1944), gehören nicht nur zu den reichsten Deutschen, sondern auch zu den größten Sponsoren. Von ihrem Mäzenatentum profitiert die gesamte Region. Außer diesen Weltkonzernen gibt es zahlreiche kleine und mittlere Unternehmen, die die Wirtschaft an Rhein und Neckar stärken. Dies wiederum wirkt sich positiv auf die Kultur und Wissenschaft hier aus und fördert damit die Lebensqualität aller.

▲ Arbeitersiedlung der BASF. ▼ BASF, Standort Ludwigshafen, bei Nacht.

Heute

Die Kurpfalz – ein Weinparadies

Auf dem Gebiet der historischen Kurpfalz liegen heute vier Weinbauregionen: Rheinhessen, Pfalz, Hessische Bergstraße und Baden. Die größten liegen links des Rheins.

Alzey, die rund 20 000 Einwohner große Stadt inmitten Rheinhessens, war ab der Mitte des 12. Jahrhunderts Teil der Kurpfalz und mit seinem Oberamt innerhalb des Kurfürstentums ein wichtiger Verwaltungs- und Gerichtsbezirk, dem auch Pfeddersheim und Pfiffligheim, heute längst Stadtteile von Worms, oder Westhofen und Dalsheim, also bekannte Weinbaugemeinden im südlichen Wonnegau angehörten. Rheinhessen ist mit rund 27 000 Hektar Rebfläche das größte Weinanbaugebiet Deutschlands. Es folgt die Pfalz mit etwa 24 000 Hektar. Der Anbau konzentriert sich entlang der 85 Kilometer langen Deutschen Weinstraße, die von Bockenheim nach Schweigen führt; zahlreiche hier gelegene Orte (Freinsheim, Wachenheim, Neustadt, Edenkoben) gehörten zur Kurpfalz.

Die Region bietet eine unglaubliche Vielfalt an Rebsorten: 64 weiße und 62 rote Sorten sind offiziell zugelassen. Zu den bekanntesten gehören Riesling, Müller-Thurgau, Silvaner, Chardonnay, Weiß- und Grauburgunder, Scheurebe oder Gewürztraminer. Zu den häufigen Rotweinsorten zählen Dornfelder, Portugieser, Spätburgunder oder Merlot. Dank der guten Voraussetzungen (Sand-, Lehm-, Mergel-, Muschelkalk- oder Tonboden und das mediterrane Klima) stimmt auch die Qualität; viele Pfalzweine müssen sich nicht hinter den Erzeugnissen aus Bordeaux oder der Toskana verstecken.

Wesentlich kleiner ist das Weinbaugebiet Hessische Bergstraße mit 463 Hektar; 1803 wurde das Gebiet der Bergstraße ab Heppenheim bis Darmstadt hessisch, der südliche Teil bis Heidelberg badisch. Die Badische Bergstraße, die von Weinheim über Heidelberg und Leimen nach Wiesloch führt, ist Teil des Weinbaugebiets Baden. Ihre Anbaufläche beträgt nur annähernd 400 Hektar, größter Anbauort ist Schriesheim. Auch hier lassen die Böden und die klimatischen Bedingungen, geringe Niederschläge und rund 1600 Stunden Sonnenschein pro Jahr einen qualitativ hochstehenden Wein wachsen. Angebaut werden vor allem Riesling und Silvaner sowie Weißburgunder und Grauburgunder. Wie traditionsreich die Kurpfalz als Weinland ist, belegt im Heidelberger Schloss das 1751 unter Kurfürst Karl Theodor vollendete und nach ihm benannte Große Fass. Mit einem Volumen von 219 000 Litern ist es das größte Fass, das jemals mit Wein gefüllt war. Das erste, noch etwa halb so große Riesenfass des Schlosses wurde bereits 1591 hergestellt; es folgten das Karl-Ludwig-Fass (1664) und das Karl-Philipp-Fass (1728). Das heutige, vierte Große Fass, das die Vorgänger ablöste, wird alljährlich von einer halben Million Menschen besichtigt.

▲ Weinlese an der Weinstraße. ▼ Größtes Weinfass der Welt: das Carl-Theodor-Fass (1751) im Heidelberger Schloss.

Deutschland
2011
PATENTSCHRIFT
55
125 JAHRE AUTOMOBIL

Heidelberg
DEUTSCHE BUNDESPOST
40
1972

Erinnerung

Regionalgeschichte auf Briefmarken

Briefmarken als Postwertzeichen stellen sowohl einen materiellen Wert für die Beförderung von Postsendungen dar als auch einen ideellen Wert. Die erste deutsche Briefmarke erschien im November 1849 im Königreich Bayern, seitdem setzten sich die Marken flächendeckend als Porto durch – und bereits Ende des 19. Jahrhunderts wurden Briefmarken zum begehrten Sammelobjekt. Auch Orte, Ereignisse und Persönlichkeiten im ehemaligen Gebiet der Kurpfalz waren auf ihnen abgebildet.

Während des Zweiten Weltkrieges waren Briefmarken Propagandamittel, auch dienten sie dem Personenkult. Die meisten Briefmarken jedoch stellen ein neutrales Motiv dar. Der 1871 in Heidelberg geborene Friedrich Ebert wurde bereits 1928, drei Jahre nach seinem Tod, mit seinem Porträt auf mehreren Marken der bis Ende Juni 1934 gültigen Dauerserie »Reichspräsidenten« verewigt. Ergänzungswerte erschienen (zu 10, 20 und 80 Pfennig) 1930 und (6 Pfennig) 1932. Über die Jahrzehnte hinweg wurde mit Briefmarken an ihn erinnert: anlässlich seines 100. Geburtstag 1971 (30-Pfennig-Marke), zu seinem 75. Todestag im Jahr 2000 (110-Pfennig-Sondermarke) und schließlich 2021 anlässlich seines 150. Geburtstages (95-Cent-Marke für einen Kompaktbrief bis 50 Gramm). Im Nationalsozialismus ehrte die Reichspost 1936 Carl Benz mit einer roten 12-Pfennig-Sonderbriefmarke anlässlich »50 Jahre Deutsche Kraftwagen«. Galt diese Briefmarke ausdrücklich dem Erfinder des Autos, so war sein legendärer dreirädriger Patent-Motorwagen von 1886 viele Jahre später auf Postwertzeichen zu sehen: 1986 auf einer 80-Pfennig-Sonderbriefmarke anlässlich »100 Jahre Automobil« und 2011 auf einer 55-Cent-Marke anlässlich des 125. Jubiläums; beide Marken ließen sich als Briefporto verwenden.

Eine weitere Erfindung aus der Kurpfalz war ebenfalls in diesen Jahren Gegenstand einer Sonderbriefmarke: 1985 erschien innerhalb der vierteiligen Ausgabe »Für die Jugend« eine 40-Pfennig-Marke mit 20 Pfennig Zuschlag, die das Laufrad von Karl Drais zeigte. Diese Konstruktion wurde dann auch 2017 mit einer 70-Cent-Marke anlässlich »200 Jahre Fahrrad« gewürdigt. Originell war die 20-Pfennig-Jugendmarke von 1958, in vier Millionen Exemplaren herausgegeben: Sie zeigte den »Jäger aus Kurpfalz«, ihr Zuschlag von 10 Pfennig kam der Jugendhilfe zugute. Wesentlich häufiger, nämlich 29 Millionen Mal, wurde die 40-Pfennig-Sonderbriefmarke gedruckt, die das Heidelberger Schloss, die Heiliggeistkirche, das Brückentor und die Alte Brücke zeigte. Sie war Teil der Serie »Stadtansichten«, die die Deutsche Bundespost zwischen 1969 und 1973 herausbrachte. 1996 verausgabte das damalige

Geschichte der Kurpfalz auf Briefmarken.

Bundesministerium für Post- und Telekommunikation ein ähnliches Motiv, eine 100-Pfennig-Briefmarke war dem 800. Stadtjubiläum Heidelbergs gewidmet. Zehn Jahre zuvor wurde mit einer 80-Pfennig-Sonderbriefmarke und in einer Auflage von 38,8 Millionen Exemplaren die Universität Heidelberg geehrt, die 1986 ihr 600-jähriges Bestehen feierte.

Frankaturgültig waren alle seit 1969 verausgabten Marken unbeschränkt, allerdings wurde diese Regelung mit der Einführung des Euro zum 1. Januar 2002 hinfällig. Die kleinen Wertpapiere ließen sich als Porto bis zum 30. Juni 2002 nutzen, danach zwölf Monate lang umtauschen. Als zum bislang letzten Mal 2001 das Heidelberger Schloss Gegenstand einer Marke wurde und zwar innerhalb der langjährigen Serie »Sehenswürdigkeiten«, war der Wert in zwei Währungen angegeben: Die Briefmarke kostete 510 Pfennige, mitgeteilt war zugleich der Umrechnungsbetrag 2,61 Euro. In derselben Dauerserie hatte die Bundespost bereits 1988 eine 300-Pfennig-Marke mit dem Hambacher Schloss herausgebracht. Mit diesem Bauwerk bei Neustadt an der Weinstraße ist eines der wichtigsten Ereignisse der Kurpfalz verbunden: das Hambacher Fest von 1832, dem zu den Jubiläen 1982 eine 50-Pfennig-Marke (für Postkarten) und 2007 eine 145-Cent-Marke (für Briefe bis 500 Gramm) gewidmet waren.

Bereits 1961 war eine rote 20-Pfennig-Marke »900 Jahre Dom zu Speyer« erschienen, 1990 folgte eine 60-Pfennig-Marke anlässlich des 2000. Stadtjubiläums Speyers und 1995 nochmals der Dom unter »Sehenswürdigkeiten« als 640-Pfennig-Bogen- und -Rollenmarke. 1964 gab es in der kleinformatigen Serie »Deutsche Bauwerke« eine 40-Pfennig-Marke der Burg Trifels. Zu einem weiteren Jubiläum wurde 2016 Schwetzingen gezeigt. Das inzwischen für die Herausgabe von Briefmarken zuständige Bundesfinanzministerium ließ anlässlich der 1250-Jahr-Feier eine 145-Cent-Sonderbriefmarke drucken, die nicht nur das Schloss und den Park wiedergab, sondern auch den für Schwetzingen typischen Spargel.

Als einer Persönlichkeit der Kurpfalz widmete das Finanzministerium 2007 dem 1902 in Lahr geborenen und 1988 in Heidelberg verstorbenen Maschinenbauingenieur Felix Wankel eine 145-Cent-Sonderbriefmarke, die an seine Erfindung des Wankelmotors (1957) erinnerte. Sieben Jahre später erschien eine 60-Cent-Marke zu Ehren des Heidelberger Soziologen Max Weber (1864–1920). Gleich auf zwei Briefmarken verewigt wurde der in Mannheim geborene und dort verstorbene Sepp Herberger (1897–1977). Dem bekannten Fußballspieler und Trainer der Nationalmannschaft galten 1997 eine 100-Pfennig-Sondermarke und 25 Jahre später ein 85-Cent-Postwertzeichen.

All diese Briefmarken wurden millionenfach gedruckt und in alle Welt verschickt. Sie dienten als Porto und als Sammelobjekt, dabei waren und sind sie besondere und liebenswerte Werbeträger der geschichtsträchtigen Kurpfalz.

150 Jahre Hambacher Fest
EUROPA
CEPT
50
DEUTSCHE BUNDESPOST
1982

2016
1250 JAHRE SCHWETZINGEN
DEUTSCHLAND
145

Vita

Jörg Koch ist promovierter Historiker, Oberstudienrat in Frankenthal (Pfalz), Stadtrat in Worms und Autor zahlreicher regionaler und überregionaler Bücher. Zuletzt erschienen von ihm »Dass Du nicht vergessest der Geschichte. Staatliche Gedenk- und Feiertage in Deutschland von 1871 bis heute« (Darmstadt 2019), »Die Pfalz. 55 Highlights aus der Geschichte« (Erfurt 2020), »Einigkeit und Recht und Freiheit. Die Geschichte der deutschen Nationalhymne« (Stuttgart 2021), »Rheinhessen. 55 Highlights aus der Geschichte« (Erfurt 2021), »Deutsche Bahnhöfe in historischen Ansichten« (Stuttgart 2021), »Zeitreise Mannheim« (Tübingen 2022) und »Kino für das Ohr. 100 Jahre Rundfunkgeschichte(n)«, Stuttgart 2023.

Dank

Der Autor dankt allen Hinweis- und Bildgebern (Peter Becker, Dr. Bernd Braun, Holger Vatter-Schönthal, Claudia Weissert, Luisa Wipplinger) und Bettina Kimpel sowie Matthias Kunstmann vom Silberburg-Verlag für die konstruktive Zusammenarbeit.

Impressum

1. Auflage 2024

Umschlaggestaltung: Chris Langohr Design, March.
Layout und Satz: Silke Schüler, Portimão.
Lektorat: Matthias Kunstmann, Karlsruhe.

Printed in Poland by CGS Printing.

ISBN 978-3-8425-2402-6

Literatur

Franz A. Bankuti: Tabak in der Kurpfalz, Ubstadt-Weiher 2011.

Jörg Koch: Die Pfalz. 55 Highlights aus der Geschichte, Erfurt 2020.

Armin Kohnle: Kleine Geschichte der Kurpfalz. Land an Rhein und Neckar, Karlsruhe 2014.

Reiss-Engelhorn-Museen Mannheim / Staatliche Schlösser und Gärten Baden-Württemberg (Hg.): Die Wittelsbacher am Rhein. Die Kurpfalz und Europa, 2 Bände, Mannheim 2013.

Alexander Schweickert: Kurpfalz, Stuttgart 1997.

Bildnachweis

Archiv Privatbrauerei Eichbaum Mannheim: S. 111 oben.

Automobilmuseum Dr. Carl Benz, Ladenburg: S. 88 oben.

BASF SE: S. 112 unten.

Museum Heppenheim: S. 39.

Stadt Worms (Städtische Gemäldegalerie): S. 64.

Stadtmuseum Ludwigshafen: S. 84.

Wikimedia Commons, Gerd Eichmann, CC BY-SA 4.0: S. 83.

Jörg Koch / Archiv Jörg Koch: alle übrigen Bilder.

Coverbilder: Hauptbild: Schloss Heidelberg, © Phish Photography, Shutterstock; Bildleiste unten von links nach rechts: Schloss Schwetzingen, © trabantos, Shutterstock; Benz Motorwagen von 1885, gemeinfrei; Mosbach, © Firn, Adobe Stock; Hintergrundbild: Heidelberg-Panorama, Matthäus Merian 1620, gemeinfrei; Freisteller: Wasserturm Mannheim, Wikimedia Commons, © Oberlausitzerin64, CC BY-SA 4.0.